U0521862

广州城市智库丛书

广州产业发展演进及未来趋势

杨代友 蔡进兵
秦瑞英 王世英 等◎著

中国社会科学出版社

图书在版编目(CIP)数据

广州产业发展演进及未来趋势 / 杨代友等著. —北京:
中国社会科学出版社, 2018.12
(广州城市智库丛书)
ISBN 978-7-5203-4041-0

Ⅰ.①广… Ⅱ.①杨… Ⅲ.①产业发展—研究—广州
Ⅳ.①F127.651

中国版本图书馆 CIP 数据核字(2019)第 024758 号

出 版 人	赵剑英
责任编辑	喻　苗
责任校对	胡新芳
责任印制	王　超

出　　版	中国社会科学出版社
社　　址	北京鼓楼西大街甲 158 号
邮　　编	100720
网　　址	http://www.csspw.cn
发 行 部	010-84083685
门 市 部	010-84029450
经　　销	新华书店及其他书店
印　　刷	北京明恒达印务有限公司
装　　订	廊坊市广阳区广增装订厂
版　　次	2018 年 12 月第 1 版
印　　次	2018 年 12 月第 1 次印刷
开　　本	710×1000　1/16
印　　张	12
字　　数	156 千字
定　　价	49.00 元

凡购买中国社会科学出版社图书,如有质量问题请与本社营销中心联系调换
电话:010-84083683
版权所有　侵权必究

《广州城市智库丛书》
编审委员会

主　任　张跃国
副主任　朱名宏　杨再高　尹　涛　许　鹏

委　员（按拼音排序）
　　　　　白国强　杜家元　郭昂伟　郭艳华　何　江　黄石鼎
　　　　　黄　玉　刘碧坚　欧江波　覃　剑　王美怡　伍　庆
　　　　　肖东明　杨代友　叶志民　殷　俊　于　静　张　强
　　　　　张赛飞　曾德雄　曾俊良

总　　序

何为智库？一般理解，智库是生产思想和传播智慧的专门机构。但是，生产思想产品的机构和行业还有不少，智库因何而存在，它的独特价值和主体功能体现在哪里？再深一层说，同为生产思想产品，每家智库的性质、定位、结构、功能各不相同，一家智库的生产方式、组织形式、产品内容和传播渠道又该如何界定？这些问题看似简单，实际上直接决定着一家智库的立身之本和发展之道，是必须首先回答清楚的根本问题。

从属性和功能上说，智库不能成为一般意义上的学术团体，也不是传统意义上的哲学社会科学研究机构，更不是所谓的"出点子""眉头一皱、计上心来"的术士俱乐部。概括起来，智库应具备三个基本要素：第一，要有明确目标，就是出思想、出成果，影响决策、服务决策，它是奔着决策去的；第二，要有主攻方向，就是某一领域、某个区域的重大理论和现实问题，它是直面重大问题的；第三，要有具体服务对象，就是某个层级、某个方面的决策者和政策制定者，它是择木而栖的。当然，智库的功能具有延展性、价值具有外溢性，但如果背离本质属性、偏离基本航向，智库必然惘然若失，甚至可有可无。因此，推动智库建设，既要遵循智库发展的一般规律，又要突出个体存在的特殊价值。也就是说，智库要区别于搞学科建设和教材体系的大学和一般学术研究机构，它重在综合运用理论和知识分析研判重大问题，这是对智库建设的一般要求；同时，具体到一家智库个体，又要依据自身独一无二的性质、类型和定位，塑造独特个性和鲜明风格，占据真正属于自己的空间和制高点，这是智库独立和自立的根本标志。当前，智库建设的理论和政策不一而足，实践探索也呈现八仙过海之势，这当然有利于形成智库界的时代标签和身份识别，但在热情高涨、高歌猛进的大时代，也容易盲目跟风、漫天飞舞，以致破坏本就脆弱的智库生态。所以，我们可能还要保持一点冷静，从战略上认真思考智库到底应该怎么建，社会科学院智库应该怎么建，城市社会科学院智库又应该怎么建。

广州市社会科学院建院时间不短，在改革发展上也曾历经曲折艰难探索，但对于如何建设一所拿得起、顶得上、叫得响的新型城市智库，仍是一个崭新的时代课题。近几年，我们全面分析研判新型智库发展方向、趋势和规律，认真学习借鉴国内外智库建设的有益经验，对标全球城市未来演变态势和广州重大战略需求，深刻检视自身发展阶段和先天禀赋、后天条件，确定了建成市委、市政府用得上、人民群众信得过、具有一定国际影响力和品牌知名度的新型城市智库的战略目标。围绕实现这个目标，边探索边思考、边实践边总结，初步形成了"1122335"的一套工作思路：明确一个立院之本，即坚持研究广州、服务决策的宗旨；明确一个主攻方向，即以决策研究咨询为主攻方向；坚持两个导向，即研究的目标导向和问题导向；提升两个能力，即综合研判能力和战略谋划能力；确立三个定位，即马克思主义重要理论阵地、党的意识形态工作重镇和新型城市智库；瞄准三大发展愿景，即创造战略性思想、构建枢纽型格局和打造国际化平台；发挥五大功能，即咨政建言、理论创新、舆论引导、公众服务、国际交往。很显然，面向未来，面对世界高度分化又高度整合的时代矛盾，我们跟不上、不适应的感觉将长期存在。由于世界变化的不确定性，没有耐力的人们常会感到身不由己、力不从心，唯有坚信事在人为、功在不舍的自觉自愿者，才会一直追逐梦想直至抵达理想彼岸。正如习近平总书记在哲学社会科学工作座谈会上的讲话中指出的："这是一个需要理论而且一定能够产生理论的时代，这是一个需要思想而且一定能够产生思想的时代。我们不能辜负了这个时代。"作为以生产思想和知识自期自许的智库，我们确实应该树立起具有标杆意义的目标，并且为之不懈努力。

智库风采千姿百态，但立足点还是在提高研究质量、推动内容创新上。有组织地开展重大课题研究，是我院提高研究质量、推动内容创新的尝试，也算是一个创举。总的考虑是，加强顶层设计、统筹协调和分类指导，突出优势和特色，形成系统化设计、专业化支撑、特色化配套、集成化创新的重大课题研究体系。这项工作由院统筹组织。在课题选项上，每个研究团队围绕广州城市发展战略需求和经济社会发展中重大理论与现实问题，结合各自业务专长和学术积累，每年初提出一个重大课题项目，经院内外专家三轮论证评析后，院里正式决定立项。在课题管理上，要求从基本逻辑与文字表达、基础理论与实践探索、实地调研与方法集成、综合研判与战略谋划等方面反复打磨锤炼，结项仍然要经过三轮评审，并集中举行重大课题成果发布会。在成果转化应用上，建设"研究专报＋刊物发表＋成果发布＋媒体宣传＋著作出版"组合式转化传播平台，形成延伸转化、彼此补充、互相支撑的系列成果。自2016年以来，我院已组织开展40多项重大课题研究，积累了一批具有一定学术价值和应用价值的研究成果，这些成果绝大部分都以专报方式呈送市委、市政府作为决策参考，对广州城市发展产生了积极影响，有些内容经媒体宣传报道，也形成了一定的社会影响。我们认为，遴选一些质量较高、符合出版要求的研究成果统一出版，既可以记录我们成长的足迹，也能为关注城市问题和广州实践的各界人士提供一个观察窗口，应该是很有意义的一件事情。因此，我们充满底气地策划出版这套智库丛书，并且希望将这项工作常态化、制度化，在智库建设实践中形成一条兼具地方特色和时代特点的景观带。

感谢同事们的辛勤劳作。他们的执着和奉献不单升华了自我，也点亮了一座城市通向未来的智慧之光。

广州市社会科学院党组书记、院长

张跃国

二〇一八年十二月三日

前　言

近年来，广州市社会科学院产业经济与企业管理研究所主要围绕广州产业结构优化升级、现代产业体系建设、IAB 产业、邮轮产业、文化创意产业等新兴产业开展了一系列课题研究，通过专门上报市委市政府主要领导、公开发表论文、著作出版和举办学术论坛等不同形式，为广州产业发展提供智力支持，产生了较好的社会影响。

进入新时代，产业经济与企业管理研究所以习近平新时代中国特色社会主义思想为指导，按照习近平总书记对广东"四个走在全国前列"的要求，以"在建设现代化经济体系上走在全国前列"为重点，围绕广州构建现代产业新体系，促进产业高质量发展，开展产业发展战略研究。

本书是在 2017 年广州市社会科学院产业经济与企业管理研究所完成的重大课题成果的基础上进一步修改完善而成，是全所研究人员集体智慧和努力的结晶。全书写作分工如下：框架设计和统稿（杨代友）、第一章（陈荣、杨代友）、第二章（毛必文、付瑶）、第三章（蔡进兵）、第四章（陈峰）、第五章（秦瑞英）、第六章（王世英）、第七章（李明充）、第八章（蔡进兵、陈峰、秦瑞英、王世英）、第九章（郭贵民、杨代友）。

全书在研究立项和写作过程中得到院领导、院学术委员、科研处的大力支持和帮助。院党组书记、院长张跃国在本书研究选题的方向上提出了十分宝贵的意见；院党组成员、副院长尹涛在本书大纲设计和写作过程中提出了许多指导意见；本书成稿后，院党组成员、副院长许鹏在书稿的修改完善方面提出了指导意见；院学术委员审阅了书稿，并提出许多有价值的修改意见；科研处在推动本书出版过程中做了大量细致的工作。感谢以上各位领导和同事的辛勤付出，使本书增彩不少。

由于水平有限，书中难免有失误和遗漏之处，恳请各位读者批评指正。

作　者

2018 年 11 月 30 日

目 录

引 言 …………………………………………………… (1)

第一章 关于产业发展阶段的理论回顾 ……………… (3)
  第一节 产业结构演变理论 ……………………… (4)
  第二节 产业结构影响因素 ……………………… (9)
  第三节 区域分工理论 …………………………… (13)

第二章 改革开放前的广州产业发展状况 …………… (17)
  第一节 产业在恢复和波动中发展 ……………… (17)
  第二节 产业结构从工商并重转为工业为主 …… (18)
  第三节 重点产业发展"一波三折" ……………… (19)
  第四节 产业基础薄弱，分布较为零散 ………… (20)
  第五节 对外贸易发展缓慢 ……………………… (21)
  第六节 小结 ……………………………………… (23)

第三章 改革开放以来广州产业结构的演进过程 …… (24)
  第一节 广州产业结构演变的阶段划分 ………… (24)
  第二节 广州五个阶段产业结构的演变 ………… (29)
  第三节 制造业内部结构的演进趋势 …………… (38)
  第四节 服务业内部结构的演进趋势 …………… (42)
  第五节 广州产业结构的现状评价 ……………… (44)

第四章 改革开放以来广州支柱产业的演进过程 (46)
  第一节 支柱产业演进的理论认识和一般规律 (46)
  第二节 广州市支柱产业的演变轨迹 (48)
  第三节 广州支柱产业发展的现状评估和挑战 (57)
  第四节 广州支柱产业发展的趋势展望 (59)

第五章 改革开放以来广州产业布局的演进过程 (62)
  第一节 产业布局演变的一般规律 (62)
  第二节 国外大都市产业布局调整趋势 (64)
  第三节 广州市产业空间布局的演进历程 (68)
  第四节 广州市产业空间布局的现状评价及特点 (71)

第六章 改革开放以来广州产业国际化演进过程 (85)
  第一节 广州外贸发展演进情况 (85)
  第二节 广州利用外资的演进情况 (92)
  第三节 广州对外投资的演进情况 (97)
  第四节 小结 (101)

第七章 影响广州产业演进的主要因素及新变化 (102)
  第一节 产业历史演进的影响因素分析 (102)
  第二节 产业发展影响因素的新变化 (115)
  第三节 小结 (128)

第八章 广州产业发展的未来趋势研判 (129)
  第一节 产业结构发展的趋势研判 (129)
  第二节 支柱产业发展的趋势研判 (134)
  第三节 产业布局变化的趋势研判 (148)
  第四节 产业国际化发展趋势研判 (151)

第九章 广州应对产业发展未来趋势的对策建议 …………（154）
  第一节 加强科技创新，推动关键领域重大突破 …（154）
  第二节 支持重点产业做强做优，促进产业高端化
     发展……………………………………………（157）
  第三节 培育产业发展优势，增强国际竞争力 ……（159）
  第四节 加大支持力度，促进新产业新模式发展 …（160）
  第五节 多途径谋划产业空间，优化产业发展
     格局……………………………………………（163）
  第六节 进一步深化对外开放，推动企业及产业
     "走出去"………………………………………（164）
  第七节 优化资源配置，提高要素效益 ……………（165）
  第八节 加快优化发展环境，促进产业转型提质 …（169）

参考文献……………………………………………………（177）

引　言

改革开放 40 年来，我国经济体制变迁实现了从计划经济向市场经济的全面转变，先后经过计划经济、有计划的商品经济、初步建立市场经济体系，再到让市场机制发挥决定性作用的更完善的市场经济。在这种经济体制不断现代化的过程中，广州产业发展经过了结构上的填平补齐，逐步建立了综合性的产业体系；在要素利用上，已由最初的劳动和资源密集型逐步向依赖资本和技术转变，产业发展的驱动力不断高端化；产业布局也由原来的相对分散的点—线状向园区化集聚、集约、集群发展。对外开放持续推进，促使产业国际化水平不断提高，已由原来无条件接受外资逐渐转变为有选择地利用外资，更历史性地开启了对外投资。毗邻港澳的区位优势、国家的倾斜政策以及省会城市的优势，使广州能够比国内其他大多数大城市的产业发展得更快，产业规模自 1989 年以来一直稳居我国内地大城市上海、北京之后的第三位。

很显然，广州的产业发展在过去取得了显著的成绩。但随着改革开放的不断推进和科技进步的加快，广州产业发展也面临诸多方面的挑战。产业实力和影响力面临来自深圳、天津、重庆等国内大城市的压力。要保持产业领先，必须以技术创新为驱动。而与其他城市相比较，广州并没有必然的优势。原来的毗邻港澳以及与世界经济联通的区位优势，也在航空、国际货运铁路、高铁、互联网等新技术下建立的日益完善的互联互通基础设施条件下消失。展望未来,广州产业发展要想维持巩固在国内大城市中的地位和影响力,要在经济全球化背景下保持国际竞争力,不仅有必要总结过去的发展经验,还要对影响未来产业发展的因素以及未来产业发展趋势进行战略性研究。本书就是在这一背景下立项和写作的。

基于这一考虑,本文首先对改革开放40年来广州的产业发展脉络进行梳理,从产业结构、支柱产业、产业布局和产业国际化四个维度对产业演进变迁进行回顾总结,分析了导致产业演进变迁主要因素的作用,并从影响产业发展未来的视角分析了产业发展影响因素的新变化,然后在此基础上,进一步从上述四个维度对产业发展趋势进行预判性研究,提出了促进产业发展的对策建议。

第一章　关于产业发展阶段的理论回顾

对一个城市来说，产业是最基本的发展动力，承载着地区经济发展的重要力量。产业发展作为城市发展的重要支撑和动力源泉，对经济社会进步具有强大的推动作用。产业发展（industrial development）这一概念最早来源于发展经济学，包括产业的产生、成长和进化过程，可以从单个产业和总体产业两方面来分析。一方面，依照产品生命周期理论，单个产业发展应该经历从无到有、从小到大、从弱到强的过程，表现为完整的生命周期：形成期、成长期、成熟期和衰退期；另一方面，对整体产业的分析，应结合一国所处的经济发展阶段、资源禀赋、政治经济文化等多方面因素去分析产业发展的合理性与有效性。整体产业发展理论就是研究整体产业发展过程中的产业结构、产业体系、产业政策及产业和经济成长阶段等问题的理论。综合来看，产业发展理论是指产业的诞生、成长、扩张和衰退等阶段的理论。通过对广州产业发展脉络展开分析，明确广州产业发展所处的生命周期与竞争格局，考察广州产业发展的内在逻辑顺序与演进过程，是确定广州未来发展思路和发展战略的重要保证。

产业发展问题在经济增长与发展中的重要作用日益为学者们所强调。20世纪六七十年代，以日本、韩国为代表的"亚洲四小龙"的快速崛起，引起学术界的广泛关注，大量文献对此后起国家跨越式发展及其背后的原因进行了探讨。概括而言，现有文献主要从产业结构演变理论、产业结构影响因素、区域分工理论三个方面展开研究，分析了影响产业经济的重要因素和产业发展的主要原因。

第一节　产业结构演变理论

所谓产业结构，是指各产业、各部门之间的联系与比例关系。不少学者对产业结构理论进行了较为详细的研究，得出的一般结论是：产业结构发展有其自身规律性。产业结构作为产业发展的直接表现形式，其合理均衡是经济健康发展的前提；当产业结构与生产力发展水平和市场需求相适应，并且社会资源得到有效配置时，经济才能实现良性循环发展。产业结构理论揭示了产业及产业间的相互关系以及结构演变，并指导产业结构调整使其优化（胡红安，2007）。不论是欧美等发达国家，还是"亚洲四小龙"等后起之秀，它们的经济发展都证明了产业结构对经济发展的愈加重要作用。

纵观发达国家的经济发展历程，城市产业发展一般从轻纺工业起步，先后经历重化工业和技术、知识密集型产业等发展阶段，这些产业在推动城市发展中发挥了极为重要的作用。一部城市发展史，就是一部不断调整产业结构、优化升级的历史。而后随着后工业化时代到来，特别是进入信息时代后，发达国家的城市发展则呈现出服务业主导发展的特点。因此，在现代经济增长中，随着产业结构的演进与经济发展的相互作用越来越明显，我们越发需要对西方产业结构理论的形成发展和研究方法加以认真研究。这对研究广州市产业发展有着十分积极的现实意义。

产业结构的变动与经济发展有着密切联系。当前，已有学者对西方国家产业结构与经济发展的相互作用展开了详尽研究，总结出了产业结构变动及产业演进规律的许多理论。现有研究主要证明了产业结构由低级向高级演进的高度化和产业结构横向演进的合理化。产业结构理论一般认为最早开始于配第关于产业结构问题的研究，为产业结构理论的形成奠定了基础。而后20世纪五六十年代，产业结构理论有了深刻发展，一批经典并具有深刻印象的产业结构理论相继出现。

一 配第—克拉克定律

配第—克拉克定律揭示了经济发展中就业人口在产业间的分布状况。英国经济学家配第和克拉克通过研究发现，随着经济发展，各产业出现收入的相对差异，就业人口首先从第一产业向第二产业转移；但经济进一步发展，人均收入水平差异进一步扩大，就业人口接着会大规模涌向第三产业。早在17世纪，配第在其著作《政治算术》中首次对产业和职业结构进行分类和统计，证明了产业结构的差异性带来了世界各国产业收入水平的差异性，进而形成不同的经济发展阶段。尽管他所做的分类是初步的，但意义深远。随后，克拉克发展了配第的思想。他把整个社会划分为三个产业部门，并通过进一步考察后得出结论：作为社会向更经济的方向进步的结果，是农业中的就业人数相对于制造业趋于下降，制造业就业人数相对于服务业趋于下降。至此，产业分类和产业结构与经济发展水平之间关系的系统理论被提出，产业结构消长变化趋势的理论即被称为配第—克拉克定律。

二 人均收入影响论

库兹涅茨（1985）依据人均国内生产总值的基准点，在继承配第和克拉克等人研究成果的基础上，揭示了产业结构的变动受人均国民收入变动的影响，进一步证明配第—克拉克定律。这种产业结构受人均国民收入变动影响的规律，被称为库兹涅茨人均收入影响理论。库兹涅茨利用现代经济体系，考察了总产值变动和就业人口的分布变动情况，得出的结论是：经济的增长是产业结构转变的原因。他认为，只有经济总量的高速增长，才能带来产业结构的快速演变。这一点与罗斯托的观点相反，罗斯托认为现代经济增长本质上是一个部门增长的过程，即部门增长才是分析产业结构的关键所在。

三 钱纳里工业化阶段理论

钱纳里（1918—1994）是研究产业发展阶段论的重要代表人物。他的工业化阶段理论揭示了在经济长期发展过程中，制造业内部各产业部门的地位和作用会发生变化，促使结构转换的一般规律。根据他的工业化发展阶段论，产业发展过程可划分为五个阶段：（1）前工业化阶段：产业结构以农业为主；第二产业是传统工业，有一定规模；第三产业基本没有或极少出现，生产力水平低。（2）工业化初期阶段：第一产业地位逐步下降；第二产业主导位置显现，工业以初级产品生产为主，属于劳动密集型；第三产业有所发展，但所占的比重仍然比较小。（3）工业化中期阶段：制造业内部由轻型工业的迅速增长转向重型工业的迅速增长，第三产业开始迅速发展，也就是所谓的重化工业阶段，大部分属于资本密集型产业。（4）工业化后期阶段：第三产业由平稳增长转入持续高速增长，所占比重越来越大，逐步发展成为主导产业；第二产业发展态势下滑，所占比重降低。（5）后工业化阶段：制造业由以资本密集型为主导向以技术密集型为主导转换，技术密集型产业的迅速发展是这一时期的主要特征；第三产业开始分化，知识密集型产业占主导地位。上述五个阶段特征，显示了产业结构变化是一个从低端走向高度现代化的动态过程。

根据钱纳里的标准，改革开放以来，广州的产业过程可以划分为：工业化初期阶段的后期（1978—1988年，消费资料为主体的轻工业发展规模很大，重工业获得迅速增长）、工业化中期阶段（1989—1995年，资本资料工业获得更快的发展，但消费资料为主体的轻工业仍居主导地位，而且轻工业已达到成熟的规模和体系）、工业化后期阶段（1996—2004年，重工业总产值首次超过轻工业总产值）、后工业化阶段（2005年至今，重工业发展和现代服务业并重，第三产业成为吸纳劳动力最多的产业）四个阶段。

四　罗斯托主导产业扩散效应理论和经济成长阶段论

罗斯托吸收德国历史学派的经济发展阶段划分法等分析方法，根据科技和生产力发展水平，通过长期研究发现，人类社会将依次经历六个阶段：传统社会、准备起飞、起飞、成熟、大众消费、超越大众消费，实现由落后阶段向先进阶段的飞跃。在经济成长阶段理论中，起飞阶段理论是这六个阶段中最关键的，因为它与生产方式的急剧变革有着密切联系，意味着工业化和经济发展的开始，是经济摆脱不发达状态的重要分水岭。而每个阶段的演进，是以主导产业部门的更替为特征的。罗斯托认为，经济之所以能够发展，正是这些在产业部门中占主导地位的行业迅速扩大的结果。他认为，经济成长的各个阶段都存在相应的起主导作用的产业部门，主导产业部门通过回顾、前瞻、旁侧三重影响，带动其他产业部门发展。

罗斯托认为，主导产业是指在经济发展的某一阶段对产业结构和经济发展起着示范作用的产业部门，代表着最先进的技术水平。发达国家工业化进程表明，主导产业综合体系主要包括五大类：作为起飞前提的主导部门综合体系、替代进口货的消费品制造业综合体系、重型工业和制造业综合体系、汽车工业综合体系和生活质量部门综合体系。这五大主导产业综合体系说明，产业结构的高度化是产业结构由低级向高级的升华过程。主导产业不断更替优化，是实现产业结构高效化的重要保证。

五 霍夫曼工业化经验法则

根据众多国家的实践和经验,产业结构的演变具有规律性。工业化阶段论的先驱者霍夫曼(1931)通过实验证明了消费品部门与资本品部门的净产值之比是逐渐下降的。他的工业化经验法根据消费品工业净产值与资本工业净产值的比例(即霍夫曼系数),揭示了工业化过程中重化工业阶段的演变情形。霍夫曼定理认为,霍夫曼系数随着工业化进程的推进而不断下降。按照霍夫曼比例的测定方法,广州的工业早在新中国成立初期就已经有了一定基础,1978年超越第一阶段,消费资料为主体的轻工业发展规模很大,重工业也获得迅速增长。霍夫曼比例表明,广州工业处于第二阶段的后期。直至1995年,广州的霍夫曼系数降到1.5以下,标志着资本资料工业获得更快的发展,但消费资料为主体的轻工业仍居主导地位,而且轻工业已达到成熟的规模和体系。广州的重工业基础良好,起步较早,但霍夫曼比例的缓慢下降,意味着广州重工业化时期明显较长。直到2004年,广州重工业总产值才首次超过轻工业总产值,工业化进入第四阶段。

库兹涅茨用产值和劳动力在三次产业中的分布来划分工业化程度,比霍夫曼单纯用消费品工业与资本品工业产值的划分更全面、系统一些。广州的第一产业劳动力份额变化非常明显,在初始份额达到43.69%的情况下逐年大幅度地下降。第二产业劳动力份额逐年提高,到1996年又有所回落,而且,1985年第二产业劳动力份额(37.66%)说明广州较早进入了工业主导的发展时期,目前其第二产业吸纳了38%以上的劳动力。第三产业劳动力份额呈迅速上升趋势,从1978年的24.18%上升到2005年的46.19%,在1998年最高达50.30%,以后略有下降。广州在20世纪90年代中期逐渐提高至工业化中期的水平,并于1994年达到库兹涅茨的人均GDP 1000美元水平(1958年人均国内生产总值基准）相对应的份额，属于工业化高级阶段的水平。现在，广州的第三产业是吸纳劳动力最多的产业。

第二节 产业结构影响因素

产业结构的演变是由不同因素及其所处发展环境的变化产生的，梳理已有文献，可以看到，不少学者已从不同角度对产业结构的影响因素进行了不断的完善和补充，为日后解释产业结构发展提供了足够的理论支撑。

一 宏观层面

从宏观层面分析产业结构变化的影响因素，一般认为可以追溯至发展经济学所关注的产业发展问题，如库兹涅茨用产值和劳动力在三次产业的分布来划分发达国家工业化程度的理论和罗斯托的经济"起飞理论"，都证明了宏观因素对产业结构的重要影响。另外，针对发展中国家产业结构演变的宏观因素分析，最著名的研究是刘易斯的"二元经济结构模型"。他在《劳动无限供给条件下的经济发展》中提出，在产业结构上，发展中国家表现为先进农业与落后工业并存的"二元经济"结构，发达国家则拥有十分发达的工业部门，农业部门则明显落后。由于工业的劳动生产率要显著高于农业的边际生产率，发展中国家要想破除这种"二元经济"结构，根本上取决于城市化的进程与城市经济的发展程度。离开了城市化这种宏观因素的推进，从发展中国家变成发达国家的可能性也就微乎其微。

日本经济学家赤松要分析了影响日本产业经济结构的宏观因素，并总结出十分有名的"雁形产业发展形态说"。基于当时处于落后状态的日本，他提出了针对后进国家的工业化策略。他认为，类似于日本这样的后进国家，受制于国内资源和低端产业约束，应将本国的产业发展与国际市场相结合，发挥自身的劳动力比较优势，通过"进口—国内生产—开拓出口—出口增长"四个阶段，引进国外先进工业设备并进行替代性生产，加快本国工业化进程。根据雁形产业发展形态理论，可以很好地理解中国发展。中国在改革开放之初，大量引进和吸收国外先进技术和资本，并利用本国比较优势接受了劳动密集型产业的转移，建立自己的工厂，进行替代性生产。同时，利用低劳动力成本在满足国内市场的需求后，开始向发达国家大规模出口低端工业制成品。在比较优势贸易理论下，发达国家只有不断创新，发展高端产业，才能保持在国际市场上的优势，并不断向发展中国家转移低端产业。在这样一个贸易转移过程中，发展中国家始终处于价值链的不利位置。迫于压力，发展中国家就会加大创新和科学技术投入，发展自己的高端产业，产业结构也会随之不断优化。

  作为宏观因素分析的另一支，学者们还针对一些产业或不同地区的产业结构应实施的相应政策及效应进行研究。产业政策是政府为了实现一定的经济和社会发展目标，而对产业的形成和发展进行干预的各种政策的总和。产业结构政策是国家加强和改善宏观调控、保持国民经济持续健康发展的重要手段。国外学者及其政府针对产业结构调整问题也提出一些政策。如克林顿时期针对美国信息产业提出的"信息高速公路"战略，极大地增强了美国经济实力，带来美国信息经济的日后辉煌。另外，西林（1999）等对美国高技术产业政策做了理论研究，提出政府应该给予特定产业补贴和政策优惠来支持高新技术产业发展。发达国家在生物医药产业发展模式上几乎都出台了具体的产业扶持政策和计划，如美国将生物技术产业集群作为重要的发展战略，日本提出生物医药产业立国的口号，欧洲以政府为主导建立的产业园区等，带来生物医药产业的极大成功，表明政策对产业结构发展的重大促进作用。

  对于产业政策实际效应的研究，宋凌云与王贤彬（2013）

则回答了产业政策是否有效提升了产业生产率这一产业经济实践中的关键问题。他们认为，地方政府的重点产业政策总体上显著提高了地方产业的生产率；重点产业政策对产业生产率的影响程度在不同产业类型上具有显著差异；将资源导向生产率、增长率更高企业的程度不同，导致了重点产业政策的资源重置效应因产业类型而异。吴意云等（2015）基于中国省际工业分行业面板数据的研究发现，地方政府相似的产业政策直接导致中国工业的地理集中和行业专业化由上升转为下降，致使省际产业同构现象加剧。"中央舞剑，地方跟风"是中国普遍存在的发展模式，这种发展模式往往偏向发达地区而迫使欠发达地区偏离自身条件，被动"复制"发达地区经验，造成中国工业的地理集中过低和地区间分工不足，带来经济上的效益损失。王文等（2014）认为，发展中经济体的经济发展，取决于一个运转良好的市场与一个科学合理政策体系之间的兼容性，对中国制造业规模以上企业层面的数据研究表明，当产业政策促进了行业竞争时，行业内的企业资源错配程度则显著降低；产业政策的覆盖面越广，越有利于降低行业内企业资源错配程度，从而推动发展经济体整个的社会经济发展。

二 中观层面

中观层面的研究主要是从产业关联方面探究产业体系的发展，分析的主要问题有经济增长、经济发展与产业关系、产业结构的相关性。里昂惕夫提出的投入产出分析法，就是从中观层面分析的，用它可以探究和解释国民经济的结构与运行情况。投入产出分析法具有广泛的适用性，运用投入产出表，通过量化分析可以认识一个国家在一定时期内各产业部门之间相互依存、相互制约的数量关系，从而揭示产业活动的内在机理。

一个国家为什么有些产业有国际产业竞争优势？迈克尔·波特从产业关联的角度给出了答案。他在著作《国家竞争优势》

中提出了著名的"钻石模型"。波特运用四个基本要素和两个变量组合互动解释一个国家国际竞争优势产业的形成。这四个基本要素分别是：生产要素、需求条件、相关及支持性产业、企业战略及其结构和同业竞争。机会和政府是波特模型中的两个变量，具有很强的不确定性。这种竞争优势与波特提出的"产业集群"概念密切相关，它源于特定区域的知识、联系及激励与产业联系。他认为产业集群是一种中间组织，不同于科层制组织或垂直一体化组织，是形成国际竞争优势产业的重要载体。

三 微观层面

从微观层面分析产业发展，就是从产业本身进行分析。美国经济学家费农早在1996年就开始了微观层面的研究，当年首次在《产品周期中的国际投资与国际贸易》中提出非常有名的产品生命周期理论。费农认为，当一个新产品研制成功后，从刚进入市场到退出市场，一般会经历四个阶段：投入期、成长期、成熟期和衰退期。他主张将产业放在产品生命周期理论中去考察，形成所谓的产业生命周期。在产业的生命周期中，它涵盖产业发展的四个阶段。并且在每一阶段，产业具有显著不同的特征，包括生产规模、消费者群体和厂商产品等方面。在产业发展过程中，由于影响产业寿命的因素众多，不同产业的寿命是不同的，它们在每一阶段所耗费的时间亦不同。斯蒂格勒是芝加哥学派在微观学方面的代表人物，在20世纪80年代，他也论证了产业是存在生命周期的。

在产品生命周期理论中，结合比较优势理论，费农对国际产业的发展阶段以及由此导致的产业转移进行了系统描述和总结，并分析了产业转移的动因和动态路径。关于产业转移，它已经越来越被学术界所重视。由费农提出的产品生产区位转移模式，从动态角度说明了发达国家从出口到进口的全过程。该理论对解释产业转移具有重要的现实意义：主要是产品或产业本身的技术扩散程度与生产优势，使得产业在区域间发生转移。当产品处于竞争优势阶段时，可以凭借出口获得规模收益；当产品不再具备垄断优势时，厂商开始考虑将生产转移到其他国家，并从这些国家进口所需产品。

哈佛大学的阿伯内西（Abernathy）和厄特巴克（Utterback）(1978)教授在产品生命周期理论的基础上，针对产品创新做了一系列研究，提出了产品创新和工艺创新的阶段过程，即著名的 A - U 模型。该模型显示，任何产业都存在一个创新流构成的技术周期：新产品的初始创新—工艺创新和产业组织创新—退出市场。在创新的不同阶段，面临着不同的产业需求。这一模型还证明了产业生命周期曲线就是众多产品生命周期曲线的包络线。

产业是同类企业的集合，同类企业的行为尤其是比较一致的行为自然就会左右该产业的发展态势。因此，研究同类企业比较一致的行为，是对产业发展研究的微观分析。[①] 美国经济学家格里芬教授在波特研究的基础上，首先提出全球价值链的概念。他认为，在全球化背景下，由于生产要素禀赋的差异性，产业发展不再局限于地域范围内。各国应该积极参加国际分工和跨国合作，实现贸易利益最大化。企业通过贸易形式将劳动力和生产要素加以整合，将商品生产工序分布世界各地，全球价值链随之产生。

第三节　区域分工理论

产业结构的研究，必须以人类历史的产业分工为前提，区域分工理论较早研究了产业分工。区域分工理论从区域分工的角度确定了国家或地区应确认的产业发展定位。区域分工是区

[①] 芮明杰：《产业发展理论演进以及我的研究历程》，2017年12月27日，搜狐·科技。

域经济之间经济联系的一种形式。在生产要素不能完全流通的情况下，由于各个区域之间在经济发展条件等方面存在显著差异，有效的区域分工使得各区域充分发挥资源、要素和区位等因素，选择自身优势产业进行生产，满足各自生产、生活方面的多种要求，提高区域经济效益和国家的总体效益。区域分工理论的起源，从亚当·斯密开始，并受到国际贸易理论的深刻影响。区域分工理论的发展，主要经历了古典区域分工贸易理论、新古典区域分工贸易理论和新区域分工贸易理论几个阶段。

一 古典经济学的区域分工理论

（一）绝对优势理论

斯密在其绝对优势理论中认为，每个国家都有适宜生产某种产品的绝对有利条件。如果每个国家都根据其绝对有利条件去进行专业化生产，就可以提高产业劳动生产率，降低成本，达到贸易获益的目的。虽然斯密的分工理论首先是针对贸易领域提出的，但同样适用于区域分工。当各区域均按照绝对有利的生产条件选择合适产业，可以使各区域的资源和生产要素都得到最有效的利用，实现产业发展目的，增进区域经济利益。尽管斯密没有直接讨论产业结构及产业分工，但结合他的分工理论与绝对优势理论，可以初步解释专业化的产业结构对生产率的提升作用。

（二）相对优势理论

相对优势理论是李嘉图在其著作《政治经济学及赋税原理》中首次提出的，他进一步发展了区域分工理论。李嘉图指出，由于生产要素的不完全流动性，以绝对优势条件进行生产并不能获得最大贸易目的；相反，应选择具有比较优势条件的产业来开展国际分工和贸易，生产本国最有利的产品，利用国际分工和贸易完成相互之间的互补，从而实现本国经济的快速发展。

二 新古典经济学的区域分工理论

(一) 生产要素禀赋理论

赫克歇尔和俄林从生产要素禀赋的角度进一步补充了李嘉图和斯密的区域分工理论。他们用生产要素禀赋差异导致的价格差异代替李嘉图的成本差异,分析了区域贸易的产生过程。一个区域应该输出利用本区域相对充裕要素生产的产品,输入那些含有本国供应稀缺生产要素生产的产品。通过这样的自由贸易,区域可以获得比较收益。

(二) 里昂惕夫之谜

里昂惕夫利用美国的投入产出表对赫克歇尔—俄林模型进行验证,得出了与要素禀赋理论明显相悖的结论。他通过实证研究发现,美国的进口替代产品的资本密集度高于出口产品,而美国的出口产品的劳动密集度大于进口替代产品。这一结论引起经济学界和国际贸易界的巨大争议。

三 新区域分工贸易理论

新区域分工贸易理论的代表理论有在产业生命周期理论基础上发展起来的梯度转移理论。梯度转移理论包括国家产业转移与区域内的产业梯度转移。它可以很好地解释区域经济发展不平衡的问题。发达国家具备先进技术,一开始便处于高梯度,属于产业转出地;发展中国家则因为存在大量的落后产业位于低梯度,属于产业转入地。在国际贸易中,产业转出地可以转移本身不再具备比较优势的产业,降低生产成本;同时,又可为新兴产业发展提供有效空间,继续保持国际贸易中的竞争优势。产业输入地可以通过输入先进技术和产业,带动整个经济的发展。因此,从梯度转移理论理解国际贸易分工,随着全球化深入推进,梯度转移逐步加快,经济分布失衡也可以逐步得到缓解。

随着国际贸易理论的深入发展，传统贸易理论已不能很好地解释不断变化的国际贸易。在此背景下，克鲁格曼的新贸易理论应运而生。克鲁格曼认为，传统贸易理论的完全竞争和规模收益不变显然与现实相矛盾，不同国家之间贸易往来，主要是存在不完全竞争与追求规模经济的结果。收益递增原理促成生产上的国际分工和整合，与生产要素禀赋差异的关系不大。新贸易理论从更为实际的角度解释了规模经济和国际贸易产生的原因，使贸易理论的研究与贸易实战的发展紧密结合，在一定程度上修正了传统贸易理论的不足。新贸易理论对发展中国家的借鉴之处主要表现在：参与国际贸易要关注产业组织及内部规模经济的作用，看到产品的差异化等。

第二章　改革开放前的广州产业发展状况

新中国成立后，我国经济以传统的农业经济为主，农业生产主要依靠传统的生产方式进行，工业基础十分薄弱，行业种类较少，行业规模也较小，技术水平基本处于比较落后的状况。第三产业以商业服务业为主，交通运输、邮电、通信业和金融业长期低水平发展。缺乏紧密结合中国基本国情的经济发展模式，使得中国经济和工业发展走了不少弯路。再加上20世纪六七十年代受当时一些错误思想的影响，使得中国错过了世界经济快速、良性发展的重大机遇。与全国各地一样，广州在发展经济、建设社会主义现代化的道路上，进行了十分艰辛的探索。

第一节　产业在恢复和波动中发展

新中国成立之初，整个广州仍然处在十分贫穷落后的状态。1949年，地区生产总值只有20.27亿元。经济以农业为主，生产力水平低下；工业只有一些小型的采掘、食品和日用品企业，全省没有一条可贯通一个地区的公路。随着国内社会主义市场经济体制的初步建立，广州经济实现了从恢复到波动发展的转变。29年间，尽管受到多次政治运动和"左"的错误思想的影响，但以反映城市综合经济实力的主要指标——地区生产总值（GDP）计，除了因受"大跃进""文化大革命"影响有五年出现负增长外，其余24年均保持增长的势头，经济社会发展取得可喜的成就。1949—1957年，是广州经济发展较快的时期。土地改革以后，生产关系的变革促进了生产力的发展，广州经济迅速恢复。1957年，广州市工业总产值为11.89亿元，比1952年增长1.9倍，平均每年递增24.04%。[①] 这一时期，整个广州洋溢着蓬勃向上、欣欣向荣的社会主义新生活新气象。1958—1978年，广州经济发展缓慢：先是经历了1958—1962年全国范围内的三年经济困难时期；接着是1963—1965年三年经济调整时期；后又经历了"文化大革命"时期，经济社会发展道路曲折。尽管如此，1978年广州地区生产总值比1949年增长12倍，年均增长9.2%，相较于新中国成立之初，产业规模得到较大提高。

第二节 产业结构从工商并重转为工业为主

新中国成立初始，在迅速医治战争创伤、重建家园、恢复和发展经济之后，广州开展了对农业、手工业、资本主义工商业的社会主义改造。"三大改造"基本完成后，广州产业发展实现了从商业为主到工商并重、趋向工业为主的产业结构转变，开始逐步建立起独立的工业体系和国民经济体系。1949年，第一、第二、第三产业占全市国内生产总值的比重分别为27.4%、33.0%、39.6%，基本上是三分天下，以传统商业为主体的第三产业占比略高。之后，在当时"重生产轻流通"、把广州建设成为"工业生产城市"方针的指引下，广州逐渐形成门类比较齐全、配套能力较强的工业生产体系和国民经济体系。到了1978年，广州三次产业占国内生产总值的比重变为11.7∶58.6∶29.7。以工业为主体的第二产业突飞猛进，农业和

[①] 数据来源：《广州市志》。

以商业和金融保险为主的第三产业比重降幅较大。随着工业生产规模的不断扩大，尤其是重工业加速发展，广州轻、重工业之比由 1949 年的 89.80∶10.20 调整为 1978 年的 63.24∶36.76。从广州工业基本建设投资情况来看（见表 2-1），广州市对重工业的投资比例持续增加，并远远超过轻工业的投资比重。广州的工业结构更加均衡，工业基础得以建立，产业结构进一步向合理化方向调整。

表 2-1　　　　　　　广州工业基本建设投资情况

年份	工业基建投资额（万元）	轻工业 投资额（万元）	轻工业 比重（%）	重工业 投资额（万元）	重工业 比重（%）
1953—1962	93580	28729	30.70	64851	69.30
1966—1975	82662	15069	18.23	67593	81.77

第三节　重点产业发展"一波三折"

新中国成立后，政府对工业企业实行优惠政策，鼓励发展生产；整顿市场，规范市场秩序；大力实行"增产节约，挖掘潜力"的措施。在此期间，广州根据自身基本情况，重点发展轻工业，壮大了一批优秀轻工业企业。作为广州制造业优势产业的轻工业，增长速度高于全国平均水平，产值占工业总产值的比重达 80% 以上，食品和纺织工业成为支柱行业。"大跃进"时期，广州制定了向工业化转变的战略，提出建设华南的工业基地，在"以钢为纲"的号召下盲目发展重工业，从"手无寸铁"到 1958 年建成广州钢铁厂、八一钢铁厂等五家钢铁厂，其他与钢铁有关的行业，如采煤工业、机械制造业等也迅速纷纷上马。广州五年内基建投资达 7 亿多元，其中重工业占 79.5%，比例迅速上升，从 1957 年的 20% 左右上升到 1960 年的超过

30%。重工业和基础设施建设的全面铺开，逐步改变了轻工业占绝对优势地位的格局。1963—1965 年，我国进入了三年经济调整时期，广州提出发展轻工业为主的方针，对工业进行全面调整，重点减缓冶金工业的发展速度。"文化大革命"期间，广州先后进行了汽车制造厂、拖拉机厂、轮胎厂、第三棉纺厂、广州石油化工总厂、黄埔发电厂等重点项目的建设，为重化工业的发展打下了一定的基础。在"文化大革命"期间，广州的工业虽然遭受严重的冲击，但由于广大职工积极生产，减少了"文化大革命"的破坏影响，工业总产值仍以年平均 9.7% 的速度增长。1978 年十一届三中全会的召开，揭开了经济发展的新篇章。广州市对轻纺工业实行"六个优先"政策，即原材料、燃料和电力供应，技术改造，基建投资，银行贷款，外汇使用以及交通运输优先；重工业则围绕轻纺工业和农业的发展调整服务方向，并加强企业技术改造，集中力量抓自行车、缝纫机、手表、电风扇、手电筒、干电池、自行车胎、纺织品、服装、中西成药十个"拳头"产品的发展。通过调整，广州市轻工业在这一时期获得新的发展。

第四节　产业基础薄弱，分布较为零散

新中国成立初期，广州工业基础薄弱，工业企业零星分散在旧城区内。全市工业企业 3000 多家，职工人数仅 6 万余人，平均每家企业只有 20 人左右；百人以上的工厂只有 74 家，占比 2.2%。"大跃进"时期，广州逐渐由消费城市转变为工业生产城市，其工业布局的基本轮廓就形成于这一时期。这一时期兴建的工业区主要有白鹤洞东塑的钢铁和机械工业区，还有江村、赤岗、鹭江和黄埔等地的钢铁基地；另外在员村附近建设的纺织工业区，从东往西依次是广州苎麻纺织厂，广州第二棉纺织厂，广州第三、第四、第五纺织厂，广州丝织厂，广州绢

麻纺织厂，广州亚麻纺织厂以及车陂和黄村的化学工业区等。1963—1965年是我国三年调整时期，广州贯彻执行"调整、巩固、充实、提高"的八字方针，重新调整产业布局，压缩了冶金工业的建设规模，在"大跃进"中建立起来的钢铁企业，仅保留了广州钢铁厂、山村钢铁厂。同时，压缩基建规模，整顿企业管理，注意提高产品质量和技术水平。"文化大革命"时期，在从化吕田、上罗沙、花县百步梯、赤坭等地区建立了一批"小三线"企业。为了加强原料工业的建设，还在黄埔大田山兴建了广州石油化工厂及火力发电厂。1978年党的十一届三中全会后，广州开始系统地对产业布局进行调整，建设多个工业园区，以珠江和广深铁路、公路为主轴线，由西向东布局发展。

城市基础设施配套建设十分滞后。以道路运输业为例，改革开放以前，广东省的道路运输业基本上是交通部门独家经营，由于投入不足，发展比较缓慢。全省范围内剩下的可勉强行车的公路2523公里，以及残旧不堪的公、私营运汽车2000辆。[①] 至1979年，广州的市区道路面积仅为348平方千米，总长度391公里。[②] 与同时期广州产业发展不相适应的矛盾相当突出，乘车难、运货难严重制约国民经济发展。

第五节　对外贸易发展缓慢

改革开放前，由于受国内条件和国际环境的多方制约，外贸经营一直是国家垄断，进出口业务由国营进出口公司统一经营，环节多，时效性差，难以适应国际市场的变化，致使广州对外联系大幅缩减，外贸出口发展缓慢。广州对外贸易主要呈

[①] 数据来源：《巨大的变化　辉煌的成就——建国50年广东道路运输发展令人瞩目》。

[②] 数据来源：《广州市志》。

现以下特点：（1）广州的外贸出口方式以易货贸易为主，并规定必须"先进后出""进出平衡"。其后逐步发展正常贸易，即以现汇交易为主。广州的各专业外贸公司是以为省外贸公司执行货源收购计划为主，直接出口较少。（2）广州出口产品以农副土特产和矿产为主，其次为传统的轻工产品。1957年以后，出口农村土特产品的比重下降，轻纺等工业产品出口比重逐年增加。（3）出口市场主要是中国香港、澳门地区以及少数东南亚国家，并逐步增加非洲及欧洲的个别国家。（4）广州对外贸易的主体对象：1950—1956年，从事对外贸易活动的主要是私营进出口商，没有专业的对外贸易公司。随着各项改革政策的实施和广州市恢复计划单列，直接出口贸易开始较快地发展起来。

1957年，中国出口商品交易会在广州召开，为广州的对外交往提供了有利条件。据统计，1957年广州口岸出口额6598.4万美元，出口品种和数量都有较大增加，扩大了对苏联、朝鲜、东欧、越南等国家的出口。1958—1960年，受"大跃进"等错误思想的影响，广州的出口供货增长不多，外贸收购额年均增长只有6.2%。1965年，广州市人民政府成立了出口生产办公室，以加强对外贸出口的协调，对外贸易得到新的发展。在"三五""四五"计划时期，受到"文化大革命"的冲击，广州各级管理机构陷入瘫痪状态，企业生产不正常的状况严重影响了广州的外贸出口。1970年，广州市外贸局和属下各进出口公司全部被撤销，所有业务并入省进出口公司经营，直至1972年才重新成立广州市对外贸易局，并先后恢复和设立轻工、食品、工艺、土产、纺织、包装等进出口公司和外运公司，对外贸易得到逐步恢复和发展。1976年与1972年相比，广州市自营出口额增加了1.43倍，1976年在外贸收购总额中，轻纺等工业品占94.5%，农副土特产品占5.5%。工业品种形成一批出口骨干商品，外贸收购值在年200万—1000万元以上的商品有46个。

1978年党的十一届三中全会提出实行改革开放政策，广州被国务院批准为沿海港口开放城市、计划单列城市和经济体制改革综合试点城市等，享有多项特殊政策和灵活措施。自此，广州充分发挥自身优势，加快了外向型经济的发展。

第六节　小结

改革开放以前，在我国整体经济发展形势的影响下，广州市的产业发展经历多次挫折和调整，产业分布较为零散。重点产业的发展在国家宏观政策的影响下，经历了从第三产业中的商业为主导到第二产业中的轻纺工业为主导再到全力以赴发展重工业，直至1978年才再次明确广州要以发展轻纺工业为主。外贸出口由于受国内条件和国际环境的制约，发展速度缓慢，且一度出现衰退现象。尽管过程较为波折，但从整体上来说，新中国成立后到改革开放以前，广州市的产业发展还是取得了一定的成就，产业结构调整也呈现出由低级到高级、由严重失衡到基本合理的发展格局。

第三章 改革开放以来广州产业结构的演进过程

产业结构是指一国或者一个地区的经济结构中各产业部门之间以及各产业部门内部的构成关系，一般表现为第一、第二和第三产业在经济中所占的比重，或者第一、第二、第三产业内部分行业所占的比重关系。产业结构的变化是指各产业之间所占比重的变化，比重变大的产业，意味着这个产业在经济结构中地位上升，对经济发展的支撑作用增强。从国内外历史经验和规律来看，产业结构的演变方向，一般是产业结构重心由第一产业向第二产业，再向第三产业逐次转移的过程，标志着一国或者一个地区经济发展水平由低到高的发展阶段。本章主要回顾改革开放以来广州产业结构的变化过程和特征，着重分析了制造业和服务业内部结构的变化与调整，并在此基础上对产业结构的现状进行了评价。

第一节 广州产业结构演变的阶段划分

一 产业结构演进的普遍规律

发达国家的经验表明，工业化时期城市产业依次经历以轻纺工业、重化工业和高技术产业为主三个发展阶段；后工业化时期，大城市特别是国际经济中心城市，则进入以服务业为主导的时代。配第—克拉克定律、库兹涅茨人均收入影响论、罗斯托主导产业和经济成长阶段论、钱纳里工业化阶段理论、霍夫曼工业化经验法则等，分别对这种产业演进进程进行了研究。当前，学界普遍利用罗斯托和钱纳里的理论揭示产业演进的轨迹和阶段性特征。

罗斯托主导部门和经济成长阶段论把经济成长阶段分为传统社会、准备起飞、起飞、成熟、大众消费、超越大众消费六个阶段，每个阶段主导产业部门不一样：准备起飞阶段，主要以食品、饮料、烟草、水泥等为主导；起飞阶段，以替代进口货的消费品制造为主导；走向成熟阶段，以重型工业和制造业为主导，如钢铁、煤炭、电力、通用机械；大众消费阶段，以综合工业体系为主导；超越大众消费阶段，则主要以服务业为主导。罗斯托认为，主导部门序列不可任意改变，任何国家都要经历由低级向高级的发展过程。

根据这一理论，改革开放以来，广州的产业发展可以划分为四个阶段：（1）轻纺工业部门为主导阶段（1978—1988年），消费资料为主体的轻工业发展规模很大，轻纺工业为主导部门；（2）非耐用性消费品部门主导阶段（1989—1997年），电子、汽车、摩托车、日用电器、纺织、服装、食品饮料、医药、石油化工、钢铁十大产业为支柱；（3）三大支柱产业部门主导阶段（1998—2012年），汽车、石化和电子信息三大制造业进一步发展成为主导产业；（4）现代服务与先进制造部门主导阶段（2013年至今），资本技术密集型的重化工业以及知识创新密集型的生产性服务业将共同作为主导部门。

钱纳里工业化发展阶段论认为，产业发展过程可划分为5个阶段：（1）前工业化阶段：产业结构以农业为主；第二产业是传统工业，有一定规模；第三产业基本没有或极少出现，生产力水平低。（2）工业化初期阶段：第一产业地位逐步下降；第二产业主导位置显现，工业以初级产品生产为主，属于劳动密集型；第三产业有所发展，但所占的比重仍然比较小。（3）工业化中期阶段：制造业内部由轻型工业的迅速增长转向重型工业的迅速增长，第三产业开始迅速发展，也就是所谓的重化工业阶段，大部分属于资本密集型产业。（4）工业化后期阶段：第三产业由平稳增长转入持续高速增长，所占比重越来越大，逐步发展成为主导产业，第二产业发展态势下滑，所占比重降低。（5）后工业化阶段：制造业由以资本密集型为主导向以技术密集型为主导转换，技术密集型产业的迅速发展是这一时期的主要特征。第三产业开始分化，知识密集型产业占主导地位。上述五个阶段特征显示了产业结构变化是一个从低端走向高度现代化的动态过程。

根据钱纳里的标准，改革开放以来，广州的产业过程可以划分为：工业化初期阶段后期（1978—1988年，消费资料为主体的轻工业发展规模很大，重工业也获得迅速增长）、工业化中期阶段（1989—1995年，资本资料工业获得更快的发展，但消费资料为主体的轻工业仍居主导地位，已达到成熟的规模和体系）、工业化后期阶段（1996—2004年，广州重工业总产值首次超过轻工业总产值）、后工业化阶段（2005年至今，重工业发展和现代服务业并重，广州的第三产业成为吸纳劳动力最多的产业）四个阶段（见表3-1）。

表3-1　两种主要产业演进理论下的广州产业阶段划分

理论 阶段	工业化发展阶段论 （钱纳里）	主导部门（罗斯托）
第一阶段	1978—1988年 工业化初期阶段后期	1978—1988年 轻纺工业部门主导
第二阶段	1989—1995年 工业化中期阶段	1989—1997年 非耐用性消费品部门主导
第三阶段	1996—2004年 工业化后期阶段	1998—2012年 三大支柱产业部门主导
第四阶段	2005年至今 后工业化阶段	2013年至今 现代服务业与先进制造业部门主导

二 广州产业发展的五个阶段

兼顾工业化发展阶段论、主导部门及经济成长阶段论的产业阶段划分理论观点,综合考虑城市经济特点,以及广州的发展定位、产业政策等因素,我们认为,对广州改革开放以来的经济发展进行阶段性划分,其产业发展大致可以分为五个阶段,每一阶段在产业结构、产业速度、重点产业等方面都有自己的特点(见图3-1)。

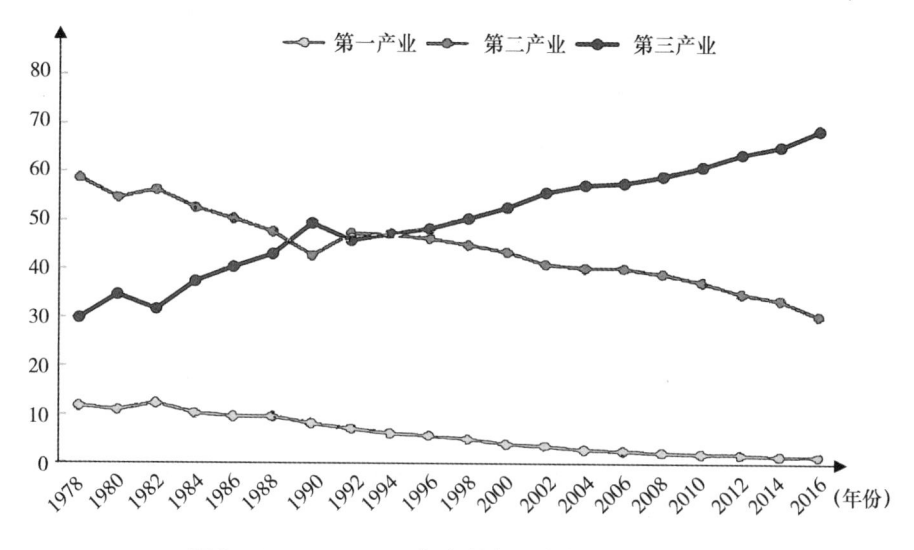

图 3-1 1978—2016 年广州市三次产业结构的变化

第一阶段(1978—1988年):轻纺工业为主导、服务业加速发展阶段。这一时期,广州三次产业结构发生大调整,三次产业结构由1978年的11.67:58.59:29.74调整为1988年的9.49:47.55:42.96。这期间,广州大力引进和发展劳动密集型轻纺工业,轻工业在"六五"和"七五"期间迅速增长,年均增速分别为13.1%和14.5%,占工业总产值比重达到65.3%和64.2%。服务业也在这一时期起步并加速发展,第三产业比重由1978年的29.7%,上升到1988年的43.0%。

第二阶段(1989—1997年):第二、第三产业并重发展阶段。这一时期,广州第一产业比重继续下降,第二、第三产业占GDP比重维持在46%—49%，保持相对稳定且差距不大，三次产业比例由1989年的8.45∶45.03∶46.52调整为1997年的5.11∶45.36∶49.53，其中第二产业年均增长24.8%，第三产业年均增长率与第二产业相当，达到25.63%。在第二产业内部，重工业加快发展，增长速度快于轻工业，"八五"时期广州重工业比重由33.67%上升至37.28%；在第三产业内部，旅游服务业占全市GDP比重为15%，成为全市第一大支柱产业。

第三阶段（1998—2003年）：服务业为主导、制造业重型化调整阶段。这一时期，广州第三产业地位进一步提升，不断拉大与第二产业的差距。1998年，广州第三产业增加值占GDP比重为51.99%，2003年进一步上升到57.54%，第三产业增加值在这一阶段增幅达到160.2%。在工业内部结构中，广州制造业加快重型化步伐，2003年全市重工业产值同比1997年增长149.0%，年均增速达到23.4%，远超轻工业的年均增速12.0%，汽车、船舶、钢铁等产业的快速发展成为主要推动力。按霍夫曼工业化经验法则进行计算，2003年霍夫曼系数达到1.02，已接近临界值1，很快进入了以重化工业为主导的工业化阶段（见表3-2）。

表3-2　　　　　　　　1997年以来广州轻重工业比值

年份	霍夫曼系数	年份	霍夫曼系数
1997	1.54	2007	0.60
1998	1.65	2008	0.61
1999	1.53	2009	0.61
2000	1.32	2010	0.55
2001	1.25	2011	0.59
2002	1.14	2012	0.51
2003	1.02	2013	0.58
2004	0.82	2014	0.58
2005	0.74	2015	0.58
2006	0.65		

注："霍夫曼系数"为消费品部门与资本品部门的净产值之比，在计算时普遍用"轻工业产值/重工业产值"代替。

第四阶段（2004—2012年）：制造业中重化工业为主导，服务业高级化阶段。这一阶段，广州市重工业产值在2004年首超轻工业，轻重工业产值比重由2003年的50.47∶49.53转变为2004年的45.05∶54.95。到2012年，重工业占全市工业总产值已超70%，重化工业主导地位明显。服务业在2012年增加值占地区生产总值比重达到63.6%，现代服务业增加值占服务业增加值比重超过60%，形成商贸会展、金融保险、现代物流为主体的现代服务业，文化创意、总部经济、服务外包、健康养生等为代表的服务业新业态，服务业高级化发展明显，以服务经济为主体的产业结构基本形成。

第五阶段（2013年至今）：先进制造业与现代服务业双轮驱动阶段。广州先进制造业增加值在"十二五"期间年均增速10.1%，到2016年占全市规模以上工业总产值比重为54.6%。现代服务业在服务业中的占比达到65%，先进制造业和现代服务业双轮驱动的态势基本形成。

第二节 广州五个阶段产业结构的演变

改革开放以来，广州整体产业素质不断提升，产业结构不断优化。为了刻画产业高级化水平及其演进，采用三次产业结构层次系数[1]、全社会劳动生产率、知识密集型服务业占服务业增加值比重[2]、高新技术产品产值占规模以上工业总产值比重、工业增加值率五个指标构建"产业高级化指数"[3]（见表3-3）。受数据完整性影响，本书选取2004年以后年度数据进行分析。

---

[1] 三次产业结构层次系数 = 第一产业占比 × 1 + 第二产业占比 × 2 + 第三产业占比 × 3。

[2] 知识密集型服务业包括金融业、租赁和商务服务业、科技服务业及计算机和信息服务业四大类。

[3] 高级化指数是对前述五个指标进行离差标准化后分别乘以各自权重再相加而得到。根据经验，五个指标的权重分别为40%、20%、20%、10%、10%。

2004—2015年，广州产业高级化指数从0.05提高到0.93，这说明总体上广州产业结构高级化演进趋势比较明显。从各项分指标来看，三次产业结构层次系数从2.55提高到2.66，全社会劳动生产率从8.23万元/人提高到22.32万元/人，说明产业结构层次和质量效益明显提升。知识密集型服务业占服务业增加值的比重从27.84%提高到33.41%，说明服务业内部结构层次有较大幅度的提高。高新技术产品产值占规模以上工业总产值比重从27.76%提高到43.10%，工业增加值率则从2004年的25.93%上升至2007年的27.12%，后又降至2015年的26.06%。虽然高新技术产品产值占规模以上工业总产值的比重大幅提高，但工业增加值率反而下降，一方面说明传统工业转型升级成效并不明显；另一方面，部分高新技术产业（如电子产品制造业）虽然名义上属于高端产业，但占据的却是价值链中低端环节，产业附加值水平应争取进一步提升。

表3-3　　　　　广州产业高级化指数水平及其构成

年份	高级化指数	三次产业结构层次系数	全社会劳动生产率（万元/人）	知识密集型服务业占服务业增加值比重（%）	高新技术产品产值占规模以上工业总产值比重（%）	规模以上工业增加值率（%）
2004	0.05	2.55	8.23	27.84	27.76	25.93
2005	0.13	2.55	8.97	27.15	29.64	26.90
2006	0.19	2.56	10.15	27.54	30.09	27.07
2007	0.35	2.56	11.45	30.55	33.26	27.12
2008	0.42	2.57	12.69	32.44	34.36	26.51
2009	0.46	2.59	13.46	32.27	35.62	25.83
2010	0.55	2.59	15.12	33.20	38.52	25.84
2011	0.59	2.60	16.72	33.55	40.26	25.51
2012	0.67	2.62	18.04	33.27	39.07	25.46
2013	0.77	2.63	20.29	32.82	42.79	25.87
2014	0.80	2.64	21.29	32.17	42.49	25.96
2015	0.93	2.66	22.32	33.41	43.10	26.06

一 轻纺工业为主导、服务业加速发展阶段

第二产业在国民经济中占据主导,第三产业发展势头迅猛。自1978年改革开放以来,广州作为中国的南大门和中国南部最重要的经济重镇,经济高速发展。在改革开放的头一个10年,广州第二产业实现快速发展,增加值占全市地区生产总值的比重一直稳居第一;第三产业固定资产新增投资持续高于第二产业固定资产新增投资,第三产业增加值增长迅猛,占全市地区生产总值的比重快速提升,这期间占比上升了13.22个百分点。

回顾1978—1988年间广州的第二、第三产业产值和固定资产新增投入的发展演化情况,不难发现这一时期广州第二、第三产业的固定资产新增投入增长率和增加值增长速度几乎同步,第二、第三产业协同发展势头良好。粗略统计,20世纪80年代广州城区活跃着大大小小约2300家纺织品、五金产品等各类专业批发市场,成为当时促进广州第三产业增长的重要支撑,同时也为广州地区及周边各种加工工业和轻工业工厂提供了便利的市场渠道,从而也促进了广州第二产业的发展(见表3-4)。

表3-4　　1978—1988年广州第二产、第三产固定资产新增投入及增加值　　(单位:亿元)

	1978	1979	1980	1981	1982	1983	1984	1985	1986	1987	1988
第二产业固定资产新增投入	3.21	2.97	3.97	4.40	6.65	7.26	8.04	14.37	20.27	24.63	40.16
第二产业增加值	25.25	26.97	31.37	36.25	40.54	45.66	51.27	65.81	70.11	79.41	114.16
第三产业固定资产新增投入	3.62	3.95	5.49	8.80	13.73	14.97	20.91	27.88	31.89	33.42	48.98
第三产业增加值	12.82	16.62	19.93	20.71	22.79	25.30	36.51	46.50	56.23	78.11	103.14

以轻纺工业为主的轻工业带动工业增长。改革开放以来，广州坚决执行党中央关于对内搞活和对外开放的基本方针，审时度势，科学布局，大力建设以轻工业为主的工业体系。这期间，广州的轻工业和重工业产值总体呈不断上升的发展趋势，但轻工业的更快发展使得20世纪80年代中后期轻、重工业产值差距越来越大，1988年广州轻工业产值接近重工业产值的2倍。广州作为全国四大针织产区以及传统轻纺重要基地之一，纺织、服装在全市的轻工业比重中历来最大。这期间，由于国内需求的快速上升以及出口快速增长，轻纺工业的快速发展促进轻工业产值的快速上升；同期，由于具有较好基础，技术力量较强，广州日化、家电等产业也得到快速发展。

二 第二、第三产业并重发展阶段

这一阶段，广州经济地位迅速提升，成为中国内地第三城。1989年，广州市实现国内生产总值287.87亿元，首次超过天津（283.34亿元），仅次于上海和北京，从而开启了连续至今的中国大陆第三城的稳定发展道路。1997年，广州市实现国内生产总值1678.12亿元，是1989年的5.8倍，按当年价格计算，年均增长率为24.7%。其中，1989—1993年增速最快，年均增长为26.9%；1993年以后增速放缓，年均增速从1993年的26.4%下降到1997年的13.4%，年均增速22.5%（见图3-2）。

第二、第三产业同步发展，是该阶段的重要特征。这一时期是广州市产业结构的调整期，按照"稳定提高第一产业，调整优化第二产业，加快发展第三产业"的方针，经济结构调整取得阶段性进展。第一产业比重继续下降，第二、第三产业占GDP比重维持在46%—49%，呈现出两者平分秋色的相对稳定状态，产业结构从8.45∶45.03∶46.52调整到5.11∶45.36∶49.53（见图3-3）。

第二、第三产业保持高速发展。第二产业增加值从129.63亿元增加到761.22亿元，年均增长24.8%；第三产业增加值从

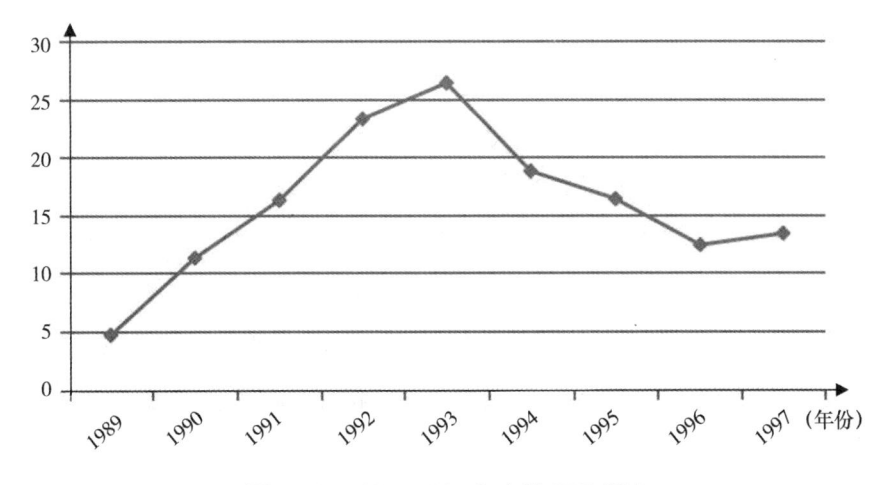

图 3-2　1989—1997 年广州 GDP 增速

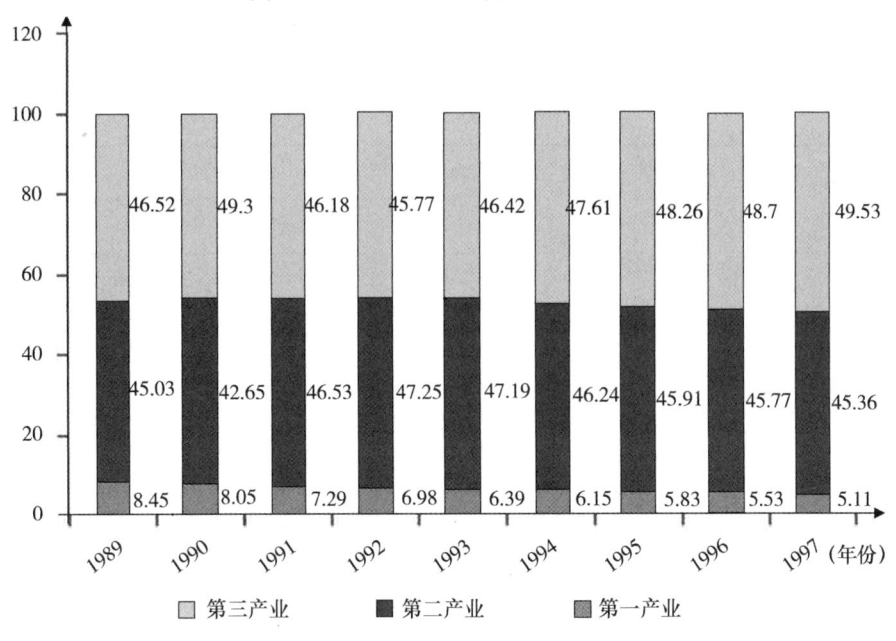

图 3-3　1989—1997 年广州市产业结构

133.92 亿元增长到 831.18 亿元，年均增长率超过第二产业，达到 25.63%。这期间，第二、第三产业在广州市国内生产总值增长中所占的份额和所起的作用基本相同，第二、第三产业并重是广州市现阶段三次产业构成演变的一个重要特征。

第二、第三产业的增长趋势，在不同时间存在差异。第二产业在"八五"时期增长最快,是新中国成立以来发展速度最快、总量增加量最大、经济效益最好的一个时期,工业总产值年均增长26.1%。第二产业内部结构也在发展变化,重工业增长明显快于轻工业,其比重由1990年的33.67%上升至1995年的37.28%。进入"九五"时期,国民经济处于新一轮调整发展期,工业总量进一步扩大,但增速减缓,逐渐步入稳定增长阶段,年均增长17%。第三产业在1991—1993年增长最快,1994年后有所调整,1996年开始回落,1997年再次提速,占GDP比重接近50%。

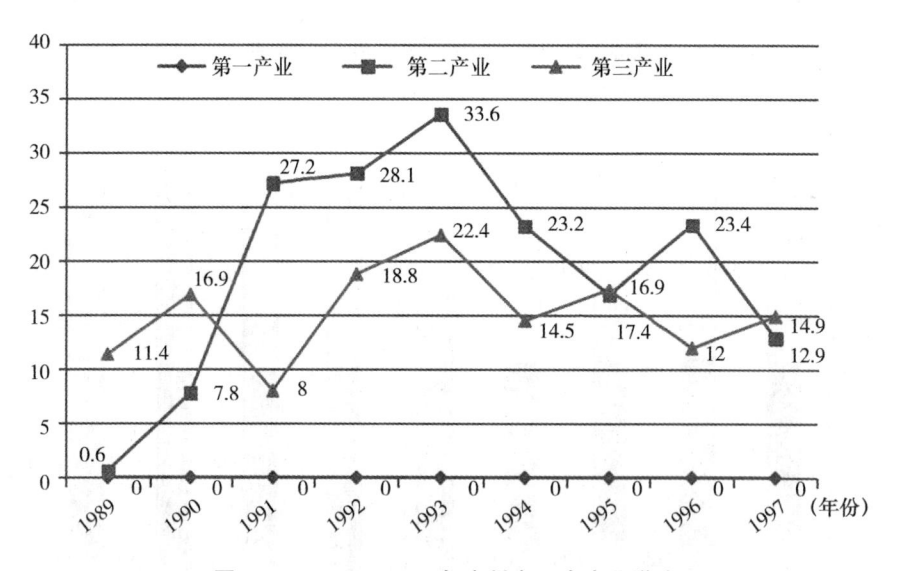

图3-4 1989—1997年广州市三次产业增速

三 服务业为主导、制造业快速重型化阶段

1998—2003年间,广州经济保持快速发展,实现跨越式发展。2003年,全市国内生产总值为3758.62亿元,连续跨越2000亿元、3000亿元两个台阶,比1997年增长124.0%;人均国内生产总值38398元,比1997年几乎翻倍,实现94.5%的增长。地方财政收入水平实现更高速度增长,保障了城市建设、民生改善等的需求。2003年,全市一般预算财政收入274.77亿元,一般预算财政支出370.09亿元,分别比1997年增长

181.2%和166.3%。

服务业主导地位不断强化，轻工业在制造业中仍占主要地位。第三产业主导地位不断强化，服务业保持更快速度增长。在前一阶段第三产业增加值占比开始超越第二产业的基础上，受服务业高速发展及1997年亚洲金融危机爆发等事件影响，1998年第三产业占比同比1997年飙升2.46个百分点，三次产业比重分别为4.70∶43.31∶51.99。此后几年，第三产业继续保持高速增长，第三产业占比稳步提升。1998—2003年，第三产业增加值增幅160.2%，同期第二产业增加值只增长95.2%；2003年，第三产业实现增加值2162.78亿元，第二产业实现增加值1485.93亿元，三次产业比重调整为2.93∶39.53∶57.54。

在工业内部结构中，轻工业增速相对更慢，但仍占据较大比重。2003年，全市工业总产值4705.91亿元，同比1997年增长98.1%。受汽车、船舶、钢铁等产业快速发展的影响，全市重工业保持相对更快增长，2003年全市重工业产值实现2330.63亿元，比1997年增长149.0%，年均增速达到23.4%；轻工业产值为2375.28亿元，比1997年增长65.0%，年均增速12.0%。

高新技术产业快速发展。1997年，全市工业高新技术产品产值152.96亿元，2003年增加到1094.31亿元，增长了6倍多；占工业总产值的比重由1997年的6.4%提升到2003年的23.3%，初步形成电子信息、光机电一体化、生物技术、新材料等领域的高新技术产业群。高新技术产业基地建设迈出新步伐，天河软件园被列入国家级软件产业基地，初步完成移动通信研制开发的产业化布局；广州科学城开发建设积极推进。这一时期，广州还被国家经贸委定为全国推进企业信息化示范地区，被国家科技部确定为制造业信息化试点城市。

四 制造业中重化工业为主导、服务业高级化发展阶段

重化工业产值超过轻工业，广州制造业结构重型化。这一

阶段，一、二、三次产业增加值的比例由2004年的2.81∶44.16∶53.03调整为2012年的1.63∶34.78∶63.59。三次产业对经济增长的贡献率由2004年的1.1%、51.2%、47.7%调整为2012年的0.5%、35.2%、64.3%。在汽车、石化等行业增产带动下，这一时期重化工业快速发展。2004年，轻重工业产值比重已由2003年的50.47∶49.53转变为45.05∶54.95，广州市重工业产值首超轻工业，工业化进程步入重化工业阶段。

现代服务业成为拉动经济增长的主要引擎。在广州建设成为中心城市战略下，服务业内部结构不断优化，以会展、金融保险、现代物流为主体的现代服务业迅速发展，以文化创意、总部经济、服务外包、健康养生等为代表的服务业新业态不断涌现，形成商贸会展、商务与科技服务、金融保险3个增加值超千亿元的服务产业集群。"十五""十一五"期间，广州市现代服务业增加值从1001.62亿元提高到4898.38亿元，占GDP比重从42.16%提升到45.57%；自2010年以来，现代服务业增加值占服务业增加值比重超过60%，现代服务业已成为推动广州经济发展的重要动力（见图3-4）。

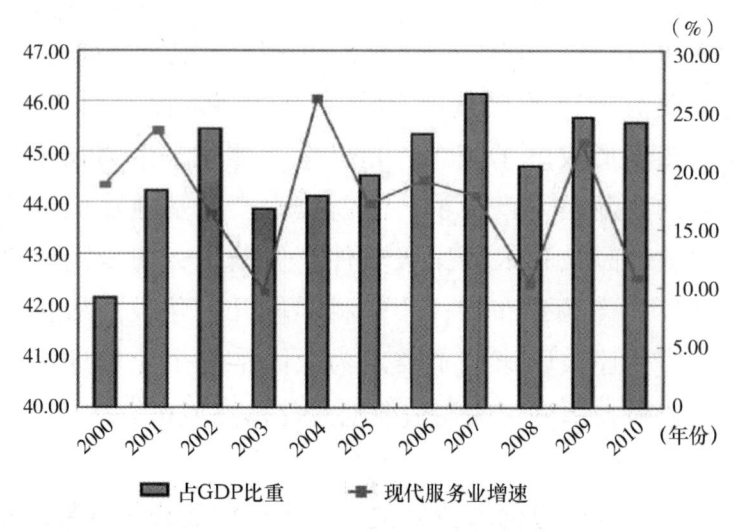

图3-5 "十五""十一五"期间广州市现代服务业发展状况

五 先进制造业与现代服务业双轮驱动阶段

广州经济在2013年增速达到11.6%高点之后，从持续多年的两位数高速增长转为中高速增长。与此同时，产业转型升级加快，现代服务业主导作用进一步增强，先进制造业稳中提质，战略性新兴产业和新业态加速发展。进入新常态的广州经济，更加注重内涵式发展，注重质量与效益的提升和新动力的培育，创新驱动成为这一阶段最显著的特征。

经济增长速度平稳放缓，三次产业结构持续优化升级。2013年以来，广州市GDP增长速度开始放缓，从之前的两位数高速增长转为中高速增长，年均增长8.16%。2013年广州GDP增速为11.6%，2014—2016年增长速度逐渐放缓，分别为8.6%、8.4%、8.2%，2017年上半年增速为7.9%，每年以0.2个百分点的速度递减。增速虽然放缓，但实际增量依然可观，2016年广州一年的经济增量相当于1996年广州全年的经济总量。产业结构持续优化升级，三次产业比重由2013年的1.5∶33.9∶64.6调整为2016年的1.2∶30.2∶68.6，其中，先进制造业、高新技术制造业增速明显高于工业平均增速，2016年高新技术产品产值占规模以上工业总产值比重达46%。2016年，服务业增加值占比68.56%，对经济增长的贡献率达77%；现代服务业在服务业中的占比达65%，其中与软件、商务、科技等相关的现代服务业保持快速增长，规模以上研究和试验发展、软件和信息技术服务业、商务服务业营业收入分别增长32.5%、26.6%和16.2%。

先进制造业不断壮大，战略性新兴产业快速增长。"十二五"期间，先进制造业年均增速10.1%，2015年先进制造业增加值占规模以上制造业增加值比重为59.7%。2015年，高技术制造业增加值占规模以上工业增加值比重为11.7%。战略性新兴产业持续快速增长。"十二五"期间，全市战略性新兴产业保持快速增长。2012—2015年，全市战略性新兴产业增加值由1287.4亿元增长至1828.1亿元，年均增速12.4%，比工业增速高3.7个百分点，形成新一代信息技术、生物与健康、新材料和高端装备制造、新能源与节能环保、时尚创意五大千亿级产业集群。

现代服务业主导作用进一步增强，生产性服务、新业态成为新的增长点。这一阶段，广州市服务业快速发展，产业规模不断扩大。2013—2016年，服务业年均增长10.5%，高于同期GDP增速2.34个百分点。服务业增加值从2013年的9963.89亿元增加到2016年的13445.03亿元，占GDP比重达到68.56%。对经济增长的贡献率从2013年的70.6%上升为2016年的77.0%，提高6.4个百分点，成为全市经济增长的主要引擎。2016年，全市现代服务业增加值占服务业增加值比重达到65%，其中，金融业增加值1800亿，占GDP比重9.18%，占服务业增加值比重提升到13.39%，支柱地位进一步巩固。服务业新技术、新模式、新业态不断涌现，电子商务、健康服务、融资租赁、检验检测、互联网金融等新兴服务业发展态势良好。2016年年底，全市拥有检验检测认证机构400多家，产值超过100亿元；全市共有各类融资租赁企业近170家，注册资本超700亿元；电子商务2016年交易额超1.5万亿元，居全国大中城市前列。2016年，广州市跨境电商进出口总值146.8亿元，同比增长1.2倍，进出口位列全国首位。

第三节　制造业内部结构的演进趋势

改革开放以来，从轻重工业的比例来看，广州工业重型化趋势明显。改革开放初期，广州是典型的轻工业城市，1978年第二产业占地区生产总值比重达到58.59%，轻重工业比例为63.24∶36.76，霍夫曼系数达到1.72。此后，特别是进入21世纪，广州工业重型化速度加快，2001—2015年轻重工业比例从55.57∶44.43调整为36.60∶63.40，霍夫曼系数从1.25下降到0.58，总的变化趋势与全国和全省一致。但与全国相比，广州市轻工业占比依然相对较高（见表3-5）。

表3-5　2001—2015年广州、广东和全国轻重工业比例变化　　（单位：%）

地区	年份 项目	2001	2003	2005	2007	2009	2011	2013	2015
广州	轻工业	55.57	50.47	42.43	37.68	37.82	37.05	36.62	36.60
	重工业	44.43	49.53	57.57	62.32	62.18	62.95	63.38	63.40
	霍夫曼系数	1.25	1.02	0.74	0.60	0.61	0.59	0.58	0.58
广东	轻工业	51.06	46.29	40.36	38.41	39.09	37.95	37.99	38.19
	重工业	48.94	53.71	59.64	61.59	60.91	62.05	62.01	61.81
	霍夫曼系数	1.04	0.86	0.68	0.62	0.64	0.61	0.61	0.62
全国	轻工业	39.43	35.49	30.98	29.53	29.45	28.15	—	—
	重工业	60.57	64.51	69.02	70.47	70.55	71.85	—	—
	霍夫曼系数	0.65	0.55	0.45	0.42	0.42	0.39	—	—

注：（1）广州为全部工业企业产值，广东为规模以上工业企业产值；全国为规模以上工业企业主营业务收入；（2）国家统计局自2013年开始不再使用"轻工业""重工业"分类。

为了进一步分析制造业内部结构演进，通过对广州制造业具体行业占比和区位熵①进行测算，呈现出明显的特点，如下所示。

---

① 区位熵可以用来测度行业的地区专业化程度，计算公式如下：

$$LQ_i = \frac{(d_i/d)}{(D_i/D)}$$

其中，LQ_i为i城市制造业或服务业某一行业的区位熵，d_i和d分别是i城市和全国该行业的产值或增加值，D_i和D则分别为i城市和全国整个制造业或服务业的产值或增加值。LQ_i越大，表示i城市该行业的专业化程度越高；如果i城市该行业的区位熵大于1，就表示该行业的专业化程度高于全国平均水平。

一 支柱产业地位的分化

2015年,三大支柱产业①仍在工业中占有最重要地位,其产值占工业总产值的比重高达52.9%,但各行业在广州本市以及在全国的优势发生分化。2015年,汽车产业产值在广州规模以上企业制造业产值中占比高达23.28%,同比2003年外延更大的"交通运输设备业"占比还高6.83个百分点,其在全市的优势地位进一步凸显;区位熵高达3.14,同比2003年提高1.27,在全国的地位进一步提升。2015年,通信设备、计算机及其他电子设备制造业产值占比14.37%,同比2003年提高2.93个百分点,在广州工业中的支柱地位进一步提升;区位熵达到1.56,比2003年提升0.64,且区位熵值已超过1,在全国已具有比较优势。2015年,石化产业(包括石油加工、炼焦和核燃料加工业;化学原料及化学制品制造业两个大类)产值占制造业的比重只有15.25%,同比2003年下降2.93个百分点,其重要性已逐步下降;从两个分行业的区位熵分析,它们的值都呈下降态势,且"石油加工、炼焦和核燃料加工业"的值已低于1,在全国不具有比较优势。

二 食品饮料、纺织服装等传统轻工业仍具有优势

自2003年以来,广州汽车、电子产品的支柱产业地位进一步提升,同时食品、农副产品、纺织服装等传统产业保持持续快速发展,它们的地位仍然保持相对稳定。2015年,食品制造业、农副食品加工业、纺织服装和服饰业三大传统产业在全市制造业中的占比分别为2.81%、2.76%、2.50%,同比2003年分别减少0.27个百分点、提升0.99个百分点、减少1.67个百分点。2015年,广州食品制造业及纺织服装、服饰业的区位熵分别为1.27、1.12,在全国仍具有比较优势(见表3-6)。

---

① 三大支柱产业包括统计中的汽车制造业,通信设备、计算机及其他电子设备制造业,化学原料及化学制品制造业,石油加工、炼焦和核燃料加工业四项。

表3-6　　2003年、2015年广州市排名前10的制造业行业占比和区位熵

2003				2015			
排名	行业类别	占比（%）	区位熵	排名	行业类别	占比（%）	区位熵
1	交通运输设备制造业	16.45	1.87	1	汽车制造业	23.28	3.25
2	化学原料及化学制品制造业	13.72	1.89	2	通信设备、计算机及其他电子设备制造业	14.37	1.56
3	通信设备、计算机及其他电子设备制造业	11.44	0.92	3	化学原料及化学制品制造业	12.26	1.46
4	电气机械及器材制造业	6.96	1.12	4	电气机械及器材制造业	6.40	0.92
5	石油加工及炼焦业	4.46	0.91	5	铁路、船舶、航空航天和其他运输设备制造业	4.00	2.08
6	纺织服装、鞋、帽制造业	4.17	1.55	6	通用设备制造业	3.87	0.82
7	皮革、毛皮、羽毛（绒）及其制品业	3.50	1.96	7	石油加工、炼焦和核燃料加工业	2.99	0.86
8	塑料制品业	3.44	1.43	8	食品制造业	2.81	1.27
9	纺织业	3.29	0.54	9	农副食品加工业	2.76	0.42
10	金属制品业	3.19	1.05	10	纺织服装、服饰业	2.50	1.12

注：2012年以后制造业统计行业由30类调整为31类，但同类行业可以直接比较。

三　尚未形成新的重大接续产业

近些年，广州先进制造业发展仍须加大力度，三大支柱产业以外，只有少数产业在全国具有优势。装备制造方面，除了铁路、船舶、航空航天和其他运输设备制造业的2015年区位熵（2.08）高于1之外，说明其在全国具有比较优势，通用设备制造业（0.82）、专用设备制造业（0.33）、电气机械及器材制造业（0.92）的区位熵均小于1，在全国已处于不利竞争地位。医药制造方面，2015年医药制造业占比（1.45%）和区位熵

(0.56) 比 2003 年分别下降 0.33 个百分点和 0.23，说明它在广州市的地位进一步下降，且在全国已处于竞争劣势。

第四节　服务业内部结构的演进趋势

为了进一步分析服务业内部结构演进，同样通过对广州服务业具体行业占比[①]和区位熵进行测算，呈现出明显的特点，如下所示。

一　传统服务业地位总体呈下降趋势

2015 年，全市批发和零售业，交通运输、仓储和邮政业，住宿和餐饮业，居民服务、修理和其他服务业四大传统服务业占服务业增加值的比重达到 37.78%，同比 2004 年（44.88%）下降了 7.1 个百分点。其中，2015 年交通运输、仓储和邮政业占比和区位熵分别只有 10.36% 和 1.12，分别下降 8.48 个百分点和 0.19，说明这个行业虽然在广州仍居于重要地位，在全国仍具有一定优势，但其重要性有所下降，交通枢纽地位建设任重而道远。在传统服务业总体地位下降的同时，批发和零售业地位却逆势上升，其占比和区位熵分别提高 4.04 个百分点和 0.19，达到 22.26% 和 1.13，成为广州最主要的服务行业，并且在全国的优势地位进一步提升。这说明广州近些年专业市场改造、提升战略取得了比较明显的成效。

二　服务业结构高级化趋势明显

2015 年，金融业，信息传输、软件和信息技术服务业，租赁和商务服务业，科学研究和技术服务业四大现代服务业占服务业增加值比重达到 33.5%，同比 2004 年（27.83%）提高

---

① 由于从 2004 年服务业采用新的行业分类进行统计，为了保证数据的可比性，本书从 2004 年开始进行分析。

5.67个百分点。金融业占比和区位熵分别比2004年提高6.57个百分点和0.04，已成为广州最主要的服务业之一，但其在全国的竞争优势还有待进一步提升。信息传输、软件和信息技术服务业却受到很大挑战，其占比和区位熵分别只有4.82%和0.88，比2004年下降2.97个百分点和0.31，其产业地位在全市的重要性有所下降，且在全国已不具有比较优势。从广州市来看，信息传输、软件和信息技术服务业主要受移动互联网冲击，传统电信业增长趋缓，虽然在软件和信息技术服务领域涌现一批高成长企业，但规模仍然偏小，加之电信资费总体呈下降趋势，导致信息服务业增加值年均增速低于服务业，因此占比明显下降。而北京、上海、深圳集聚了全国规模较大的互联网企业，特别是深圳在以腾讯为龙头的互联网企业带动下，信息服务业占比明显提高。

若从生产性与生活性服务业的比例来看，2015年广州生产性服务业①占服务业的比重（43.86%）比2004年（46.67%）下降了差不多3个百分点，主要是交通运输和信息服务业占比下降所致。因此，广州仍须进一步扶持生产性服务业发展，才能更好地与制造业相互协调，共同促进（见表3-7）。

表3-7　　　2004年、2015年广州市服务行业占比和区位熵

行业类别	2004年 占比（%）	区位熵	占比（%）（2015年）	区位熵（2014年）
交通运输、仓储和邮政业	18.84	1.31	10.36	1.12
批发和零售业	18.22	0.94	22.26	1.13
房地产业	10.53	0.95	12.62	1.01

---

① 本书的生产性服务业包括交通运输、仓储和邮政业，信息传输、软件和信息技术服务业，金融业，租赁和商务服务业，科学研究和技术服务业5个统计门类。

续表

行业类别	2004年 占比（%）	区位熵	占比（%）（2015年）	区位熵（2014年）
租赁和商务服务业	10.49	2.58	11.40	2.14
信息传输、软件和信息技术服务业	7.79	1.19	4.82	0.88
金融业	6.87	0.82	13.44	0.86
教育	5.3	0.7	5.04	0.73
公共管理、社会保障和社会组织	5.1	0.54	3.71	0.48
住宿和餐饮业	4.61	0.81	3.32	1.12
居民服务、修理和其他服务业	3.21	0.84	1.84	0.54
卫生和社会工作	3.14	0.77	3.96	0.92
科学研究和技术服务业	2.68	0.98	3.84	0.97
文化、体育和娱乐业	2.19	1.36	2.42	1.62
水利、环境和公共设施管理业	1.03	0.86	0.97	0.79

注：受国家层面服务业分行业增加值数据缺失影响，区位熵为2014年数值。

第五节 广州产业结构的现状评价

改革开放以来，广州经济不断发展，产业素质不断提升，产业结构不断优化，高端高质高新现代产业新体系正在形成，以IAB和NEM为代表的新一代战略性主导产业正在快速发展。2016年，全市一、二、三次产业增加值的比例为1.22∶30.22∶68.56，实现了产业结构的根本性调整。现代服务业较快发展。国际交通枢纽功能增强，2016年白云国际机场旅客吞吐量达到5977.66万人次，位居全国第三位；广州港口货物吞吐量达到5.44亿吨，集装箱吞吐量达到1884.97万标箱，位居全球前列；金融业增加值达到1800亿元，增长11.1%，快于GDP增速2.9个百分点。工业生产稳中提质。2016年，全市三大支柱产业总产值为9693.48亿元，增长7.6%，增速高于整体工业增速1.1

个百分点。新产业成长势头良好。2016年，规模以上工业高新技术产品产值增速（7.3%）快于工业平均水平（6.5%），占规模以上工业的比重（46.0%）较上年提高1.0个百分点。

同时，广州产业结构及产业发展也面临着系列问题，必须下决心在推进供给侧结构性改革方面做出更大努力，使供给体系更适应需求结构的变化。它主要表现为以下几个方面。

一是产业结构高级化程度不够，产业中以重化工业主导的资源型产业、资金密集型产业占比过大，产能过剩问题突出，而新一代信息技术、高端装备、新材料、生物医药等技术密集型产业还有待进一步发展；高技术产业有待加快发展，2016年全市工业高新技术产品产值占规模以上工业总产值的比重只有46%，远低于深圳、上海水平；2013年，规模以上工业增加值中高技术产业的比重仅为11.6%，比深圳低47.6个百分点。

二是服务业结构层次低，高端生产服务业欠发达。生产服务业是城市服务业步入高级发展阶段的标志。目前，广州服务业主要表现为流通经济和传统生活性服务业较发达，而生产服务业特别是知识服务业相对落后。2015年，广州以金融、信息、商务、科技等为主体的技术、资本及知识密集型服务业合计占第三产业比重仅为33.41%左右，明显低于京（52.94%）、沪（45.40%）、深（44.47%）三市。与此同时，我们进一步看到，即使在广州最具传统优势的商贸领域，也存在着外资主导、高端商业（总部、品牌与连锁商业）不足、低层次小商业扩张过度、缺乏本土商业"航母"等一系列致命缺陷，使得广州商贸业竞争力大打折扣，战略主导产业地位很不稳固。

三是产业融合程度还有待提升。当前，工业化和信息化的融合水平、制造业和服务业的融合水平都需要进一步提升。特别是企业的智能化程度相对较低，必须大力推进以满足未来市场激烈竞争的需要。

第四章 改革开放以来广州支柱产业的演进过程

支柱产业是一个城市经济实力和竞争力的基础。在改革开放的不同时期，广州根据当时的经济社会环境和自身的经济发展阶段，制定了一系列选择和扶持支柱产业发展的政策措施，使其支柱产业规模持续扩张、产业门类有序更迭，带动了全市经济快速增长，城市竞争力不断增强。

第一节 支柱产业演进的理论认识和一般规律

支柱产业是指在一个国家或地区经济发展的某个阶段，在经济中占有较大份额，且有较强的带动效应，对整个国家或区域经济的发展起着支撑和引领作用，其发展对经济全局具有重大影响的产业。它的主要特征表现为：

一是产业规模大。支柱产业最重要、最直观的一点就是强调产业增加值规模占GDP的比重。按照一般认为的支柱产业标准，产业增加值占GDP的比重要在5%以上。

二是发展前景好。支柱产业的市场占有率高，扩张能力强，需求弹性高，发展快于其他行业。随着经济的发展，国民收入的增长，它在产业结构中的比重逐渐提高。

三是阶段性明显。在区域或城市经济发展的不同阶段，支柱产业的门类会更迭和发生变化。

第四章　改革开放以来广州支柱产业的演进过程

四是带动性强。支柱产业纵向关联性和横向渗透性都很强，在城市经济中具有战略性地位，能够对为其提供生产资料、服务的相关产业部门及所在地区的经济社会发展产生深刻而广泛的影响。

根据社会经济发展和产业结构演变的理论，一个城市产业结构演进的历史轨迹一般表现为支柱产业的更替变换。每个城市的产业结构和支柱产业都是不断发展变化的，经济在不同的发展阶段可能会出现不同的支柱产业，依靠技术创新的先进产业会逐渐取代落后的产业，新兴产业会替代传统产业，原来的支柱产业会被新的发展起来的支柱产业或者原来的支柱产业通过技术创新转型升级形成新的支柱产业取代，这是产业经济发展的必然规律。例如，钢铁产业曾经是美国、日本的支柱产业，其后分别被汽车工业、电子工业、数字化产业取代。

·美国支柱产业的演进轨迹：1860年以前，轻纺产业；1860—1900年，煤炭、钢铁、汽车、电子和化工；1900—1950年，重化工业、钢铁、机械制造；1950—1970年，资本密集型产业，如汽车、钢铁、机电；1970—1990年，技术密集型产业，如IC、计算机、航天航空和新材料等；1990年至今，电子信息技术产业，以及电子信息产业与其他产业的融合。

·日本支柱产业的演进轨迹：1946—1955年，在经济复兴时期，保持农业和轻纺产业稳定发展，同时采用"重点生产方式"政策，用美国援助的石油促进钢铁产业发展，再用钢铁促进煤炭产业，并推动电子信息、农药化肥等产业的发展；1956—1973年，进入经济调整时期，支柱产业转变为钢铁、汽车、家电、造船、石油化工，整个产业向重型化、高级化迈进；1973—1980年，产业结构进一步调整，1973年的石油危机促使日本进行产业结构调整，大力发展加工组装型产业和第三产业。1980年至今，产业结构向现代化转型，着力发展新兴微电子、生物工程和新材料等高技术产业。产业结构从外需主导逐渐转变为内需主导。

·韩国支柱产业的演进轨迹：1962—1966 年，实施"进口替代"导向，大力发展轻纺、电力建材、食品加工和化工等主导产业；1967—1971 年，重点发展劳动密集型出口加工业，推动工业企业的专业化发展；1972—1976 年，重点发展技术密集型产业，大力扶持冶金、机械、化工和电子等重化工业，确定"十大战略工业"；1977—1981 年，以产业技术研发为重点，完成工业化转型。

·新加坡支柱产业的演进轨迹：建国初期至 20 世纪 70 年代，借助外部力量发展劳动密集型基础工业，石油化工、修造船、电子电器等成为支柱产业；20 世纪 70 年代末至 80 年代中期，重点发展资本和技术密集型工业，计算机、光学仪器、医疗器材、机械制造、电子设备等迅速发展；80 年代中期至 90 年代末，对技术密集型产业集中投资，电子信息和金融行业成为新的支柱产业；90 年代末至今，重点发展"知识经济"，支柱产业确立为电子、生物医药、化工，以及物流、资讯传媒、金融等以知识密集为特点的产业。

综合上述理论与实践，可以归纳出支柱产业演进的一般规律：劳动密集型—资本密集型—资金技术密集型—知识密集型。

一些后发国家或地区如日本、韩国、苏联等成功实现赶超的历史经验表明，后发国家或地区根据产业结构演进的一般规律，在不同发展阶段成功地选择了适应其经济发展的支柱产业，并配套相关产业政策，能迅速实现经济增长，用较短的时间完成产业升级。

第二节 广州市支柱产业的演变轨迹

一 自发形成的支柱产业

1978—1990 年，是广州以轻纺工业为主导、商贸服务业快速发展的时期。这一时期，广州坚决执行党中央关于对内搞活和对外开放的基本方针，审时度势，科学布局，大力建设以轻工业为主的工业体系，轻工业得到快速发展。其中，尤以纺织、服装在全市轻工业中的占比最大。与此同时，日化、家电产业也得到快速发展。依托来自中国港澳台地区等的投资和外贸订单及其独特的区位优势，广州逐渐在纺织、玩具、五金、家电等行业出现最初的加工产业集聚。同时，广州活跃着2300类专业批发市场（以轻工门类为主）。这些种类丰富、具有全国影响力的专业市场，使得广州成为中国最重要的商贸中心。这一时期，广州虽然没有刻意地培育支柱产业，但纺织、日化、家电、批发和零售贸易业已成为当时以轻纺工业为主导的产业结构的产业支柱。

二 支柱产业的五次调整

从1990年第一次提出"支柱产业"概念以来，广州支柱产业经历了五次调整变迁。

第一次变迁：从1990年开始，培育发展支柱产业成为广州市经济发展的一项中心工作。1990年3月8日，由广州市人民政府颁布的《广州对〈国务院关于当前产业政策要点的决定〉的贯彻措施的通知》中提出："通过调整优化产业结构、组织结构，逐步发展和形成具有广州特色的、以外向型经济为主的广州标致轻型汽车、五羊摩托车、万宝家用电器系列产业、电子、纺织、服装、食品和医药等八个支柱产业。"

第二次变迁：1992年2月22日，广州市人大九届五次会议的《政府工作报告》对八大支柱产业进行了修正，提出："今后十年，广州将对传统工业进行大面积改造，逐步形成电子、汽车、摩托车、日用电器、纺织、服装、食品（饮料）、医药、石油化工、钢铁等十大支柱行业。"1992年，十大支柱产业占工业总产值比重超过5%的依次是石油化工（9%）、食品饮料

(7.5%)、纺织（5.7%）、服装（5.6%），钢铁、医药、日用电器、汽车、电子比重在3%—4.5%。

第三次变迁：1996年3月，由广州市人民政府颁布的《广州市国民经济和社会发展第九个五年计划及2010年远景目标纲要（草案）》中提出了"六大支柱产业和一个带头产业"。"六大支柱产业"，即高科技制造业（包括汽车、家电等八个龙头制造业，电子技术、生物工程等六个新兴工业，以及对机械、轻工、纺织等传统工业改造）、金融保险业、交通运输业、商品流通业、旅游服务业、建筑房地产业；"一个带头产业"，为信息产业。1997年，六大支柱产业中，占全市GDP比重较大的是旅游服务业（15%）、金融保险（13.4%）、交通运输及其设备制造（13%）、建筑与房地产业（9.1%）。

第四次变迁：1998年10月，在《中共广州市委、广州市人民政府贯彻〈中共广东省委、广东省人民政府关于依靠科技进步推动产业结构优化升级的决定〉的实施意见》中，提出了新的"六大支柱产业"和现阶段优势发展的三大支柱产业，即"加快建设和重点发展电子信息业、交通运输及其设备制造业、建筑与房地产业、金融保险业、商贸旅游业、石油化工业六大支柱产业；现阶段优势发展电子信息业、汽车制造业、建筑与房地产业，促进支柱产业不断优化升级"。

第五次变迁：2001年，《广州市国民经济和社会发展第十个五年计划纲要》提出培育壮大电子信息、汽车、石油化工三大支柱产业。2005年，广州市经贸委员会制定了《加快提升广州工业竞争力的实施意见》，着重提出广州发展汽车产业、石油化工产业和电子信息制造业三大支柱产业。这一年，人均国民生产总值超过5000美元，经济的发展已经出现一个新的跳跃。这个跳跃就是以满足新的更高层次的市场需求为目标，集中发展资金密集和技术密集型产业，使经济发展进入一个以重化工业为导向的加速工业化的阶段。与时俱进，顺势而为，汽车、石油化工以及电子信息制造业为代表的三大产业被确立为广州的支柱产业。

广州支柱产业的五次变迁，是在广州决策者对支柱产业的认识不断深化，以及广州经济发展环境发生变化和自身成长进入新阶段的基础上所做出的动态调整（见表4-1）。

表4-1　　　　　　　　广州市支柱产业演进历程

年份	支柱产业
1990	逐步发展和形成具有广州特色的、以外向型经济为主的广州标致轻型汽车、五羊摩托车、万宝家用电器系列产业、电子、纺织、服装、食品和医药八个支柱产业
1992	逐步形成电子、汽车、摩托车、日用电器、纺织、服装、食品（饮料）、医药、石油化工、钢铁十大支柱行业
1996	"六大支柱产业"即高科技制造业（包括汽车、家电等八个龙头制造业，电子技术、生物工程等六个新兴工业，以及对机械、轻工、纺织等传统工业改造）、金融保险业、交通运输业、商品流通业、旅游服务业、建筑房地产业；"一个带头产业"为信息产业
1998	新的"六大支柱产业"和现阶段优势发展的三大支柱产业，即"加快建设和重点发展电子信息业、交通运输及其设备制造业、建筑与房地产业、金融保险业、商贸旅游业、石油化工业六大支柱产业；现阶段优势发展电子信息业、汽车制造业、建筑与房地产业，促进支柱产业不断优化升级"
2001	培育壮大汽车产业、石油化工产业和电子信息制造业三大支柱产业

三　三大支柱产业的形成

经过"十五"的培育、"十一五""十二五"的壮大，广州三大支柱产业的地位更加巩固，引擎作用更加凸显。"十五"时期，三大支柱产业的加快发展，带动了工业重型化转型取得相当大的成功。在"十五"计划中，广州明确提出培育壮大电子信息、汽车、石油化工三大支柱产业，大力推动工业重型化转型，资金和技术密集型的重化工业加快发展，成为广州产业结构调整和转型的一大特色。其中，汽车产业的发展成就十分令人瞩目，本田、日产、丰田三大汽车公司先后在广州布局，并带动汽车零配件企业的跟进，形成庞大的"汽车产业集群"。2004年，广州重工业在工业总产值中的占比首次超过轻工业。2005年，三大支柱产业规模以上工业总产值占比达到43.01%。

2005年，广州市经贸委制定了《加快提升广州工业竞争力的实施意见》，着重提出广州发展汽车产业、石油化工产业和电子信息制造业三大支柱产业。经过"十一五""十二五"两个五年规划发展期的快速发展，广州三大支柱产业的总产值从2005年的2594.33亿元跃升到2016年的9693.27亿元，占全市规模以上工业企业总产值的比重从43.01%升至49.57%，提高6.56个百分点，占据规模以上工业近半壁江山。其中，汽车制造业2005年占规模以上工业企业总产值的比重为14.25%，2016年提高为22.22%；电子产品制造业2005年占工业总产值的比重为12.75%，2016年为14.79%；石油化工制造业2005年占工业总产值的比重为16.02%，2016年为12.55%，下降3.47个百分点。三大支柱产业中，汽车制造业增速最为显著，对三大支柱产业贡献率最高，稳坐第一支柱产业地位（见表4-2）。《广州市先进制造业发展及布局第十三个五年规划（2016—2020）》将"巩固和厚植三大支柱产业"作为构建先进制造业新体系的重要工作。可以预见，"十三五"期间，在培育新产业的同时，汽车、电子产品制造和石油化工作为引领广州经济"三驾马车"的传统支柱产业地位仍会延续，并在应用新技术、创新新业态、与服务业融合发展的过程中，焕发出新的活力。

表4-2　　　　　广州市三大支柱产业产值情况　　　　（单位：亿元、%）

年份	规模以上工业总产值	三大支柱产业总产值	汽车制造业	电子产品制造业	石油化工制造业	三大支柱产业占工业总产值的比重
2005	6032.05	2594.33	859.42	768.81	966.1	43.01
2006	7282.06	3060.7	1168.2	812.45	1080.05	42.03
2007	8910.44	3872.96	1644.48	838.25	1390.23	43.47

续表

年份	规模以上工业总产值	三大支柱产业总产值	汽车制造业	电子产品制造业	石油化工制造业	三大支柱产业占工业总产值的比重
2008	10514.91	4565.79	1840.66	1031.08	1694.05	43.42
2009	11376.76	5290.34	2317.57	1359.85	1612.92	46.50
2010	13831.25	6640.67	2898.52	1763.25	1978.9	48.01
2011	15712.72	7575.11	3037.09	2045.22	2492.8	48.21
2012	16066.43	6952.2	2721.29	1886.71	2344.2	43.27
2013	17198.72	7964.21	3318.28	2102.79	2543.14	46.31
2014	18193.55	8673.89	3764.21	2254.82	2654.86	47.68
2015	18684.21	9014.89	3930.79	2532.49	2551.61	48.25
2016	19556.25	9693.48	4346.27	2892.88	2454.33	49.57

注：2016年数据来源于2016年《广州市国民经济和社会发展统计公报》，其他年份数据均来源于《广州市统计年鉴》。

（一）汽车产业

"十五"期间，广州汽车工业的成就令人瞩目，日本本田、日产、丰田三大汽车公司都在广州布点生产。随着汽车零配件企业跟进，汽车产业集群形成。"十一五"以来，广州通过对标先进、强化产业规划引领；提升产能，持续壮大规模；加强研发，推动自主品牌创建；培育新动能，布局新能源汽车和智能汽车；整合资源，优化汽车产业布局；完善配套，延伸产业链条等举措，推动广州汽车产业体系不断完善。目前已经形成以乘用车为龙头，客车、货车和汽车零部件齐头并进，传统与新能源汽车、智能网联汽车共同发展，涵盖研发、零部件、商贸、金融的完整产业链。2016年，广州汽车制造业完成规模以上工业总产值4346.27亿元，增长12.6%，汽车产量262.59万辆，同比分别增长19.0%、17.2%，产量增幅高于全国（14.5%）4.5个百分点、上海（7.3%）11.7个百分点、吉林（15.6%）3.4个百分点。汽车产业虽然多年位居广州第一支柱产业地位，但发展势头不减，依然展现出极大的发展潜力。根据《广州市先进制造业发展及布局第十三个五年规划（2016—2020）》，未来五年广州将重点推进自主品牌汽车的研发、生产和品牌建设，提高零部件本地化配套能力，提升整车成本竞争力。在发展传统汽车的基础上，重点谋划新能源及智能网联汽车、新一代汽车整车发展，争取到2020年全市汽车产能达到300万辆，其中自主品牌整车产能达到100万辆，汽车制造业产值超过5500亿元。

（二）电子产品制造业

20世纪80年代初，随着改革开放的不断推进，利用优越的地理位置和国家给予的优惠政策，广州吸引了大批来自中国香港、台湾地区的电子产品制造企业。经过不断发展和产业链延伸，广州的电子产品制造已形成一定规模和较强的竞争优势，并逐步呈现出高端化、集群化和国际化的发展态势。创新能力不断增强，承担了大批国家和省的重大科技创新专项；通过实施电子信息产业重大专项，宽带移动通信、数字音视频等产业快速发展，高端产业比重显著提高，产业集群发展格局成型。骨干龙头企业发展壮大，产业品牌影响力不断提升，形成一批国内领先的标杆企业和具有国际影响力的产品品牌。几十年的发展推动广州成为我国高端电子产品制造业的核心区域，连同珠三角经济圈其他城市构成完善的电子产品产业链，吸引了西门子、索尼、三星、松下、LG等世界500强电子信息企业落户，产业集聚效应越来越显著。

完整的电子产品产业链与区域经济已经形成相互促进、共同发展的良好生态。2016年，广州电子产品制造业完成工业总产值2892.88亿元，同比增长7.9%，占规模以上企业工业总产值比重达14.79%。近年来，随着新一代信息技术的发展，新型显示、人工智能、集成电路、新一代移动通信、虚拟现实等在广州发展迅猛，思科、富士康等一批龙头项目在广州落户，新一代信息技术产业在广州成集聚态势。目前，广州已经启动IAB

计划，人工智能、新一代信息技术、生物制药成为广州着力发展的三大战略性新型产业。根据《广州市先进制造业发展及布局第十三个五年规划（2016—2020）》，"十三五"将大力发展新一代信息技术等产业、显示面板、芯片制造等产业，到2020年，电子产品制造业产值达到4200亿元。

（三）石油化工制造业

石油化工制造业在广州经济发展的初期获得了较快的发展，对广州产业结构升级、推动工业由轻向重转变做出了重要贡献。"十一五"初期，石油化工制造业是第一支柱产业。近年来，随着全社会环境意识的增强，环保要求越来越高，"谈化色变"和"邻避效应"制约了行业的发展。[①] "十一五"以来，石油化工制造业在规模以上工业总产值中的占比、增长速度都持续走低。2016年，石油化工制造业完成工业总产值2454.33亿元，增速同比下降0.3%，占规模以上企业工业总产值比重为12.55%，同比下降1.11个百分点。

目前，广州石油化工产业的发展以炼油、合成材料、涂料、乙烯、精细化学品和橡胶加工为主导，形成了门类齐全、品种多样、产业规模较大、国际竞争力较强的产业链，拥有以中石化广州分公司1320万吨/年炼油、20万吨/年乙烯为龙头的现代化工产业体系。南沙开发区吸引了包括埃克森美孚、瑞士龙沙、英国BP等在内的40多家有机化工原料深加工和精细化工企业；广州开发区吸引了包括安利、宝洁、杜邦等知名跨国公司在内的100多家规模以上的精细化工、日用化工和化工新材料类企业，一条完整的以精细化工为主的石化产品制造产业链已经形成。

[①] 例如：2006年年初拟选址广州南沙的中科石化项目，建设规模为炼油能力1200万吨/年，项目总投资50亿美元，号称当时中国最大的对外合资化工项目，因担心其对珠三角环境的影响，2009年改址湛江。这一项目的变更，对广州市石油化工业有较大冲击。

尽管中科炼油一体化项目迁址建设对广州石化产业布局和发展产生重大影响，但广州在精细化工、日用化工、化学新材料等领域仍有非常明显的优势，不仅有一大批知名跨国公司龙头企业，也有广州万力集团、蓝月亮等拥有较强自有技术和自主品牌的领军企业。以精细化工为主的石化制造，已经成为广州石化产业未来发展的重点方向。根据《广州市先进制造业发展及布局第十三个五年规划（2016—2020）》，"十三五"期间，广州石油化工产业发展将重点优化石化产业链，做强提质现有优势的精细及日用化学品，做精炼油产业，发展乙烯、丙烯等原料的深加工，发展配套化、高附加值、低污染的产业项目，发展深加工的高性能合成材料、工程塑料、生物化工等高端绿色精细化工产品。到2020年，石油化工产值达3300亿元。

表4-3为广州市三大支柱产业占规模以上工业企业总产值情况。

表4-3　广州市三大支柱产业占规模以上工业企业总产值比重　　（单位:%）

年份	汽车制造业	电子产品制造业	石油化工制造业
2005	14.25	12.75	16.02
2006	16.04	11.16	14.83
2007	18.46	9.41	15.60
2008	17.51	9.81	16.11
2009	20.37	11.95	14.18
2010	20.96	12.75	14.31
2011	19.33	13.02	15.86
2012	16.94	11.74	14.59
2013	19.29	12.23	14.79
2014	20.69	12.39	14.59
2015	21.04	13.55	13.66
2016	22.22	14.79	12.55

第三节 广州支柱产业发展的现状评估和挑战

一 广州支柱产业发展现状评估

目前广州的三大支柱产业，历经三个五年规划期的发展，对经济的支撑地位更加凸显，2016年其规模以上工业总产值占比高达49.57%。

根据产业生命周期理论，每个产业都要经历一个由培育、成长到衰退的演变过程，一般分为初创起步、成长扩张、成熟平稳和衰退（或蜕变）四个阶段。广州三大支柱产业从2001年确立历经三个五年规划的着力培育发展，GDP占比、工业产值占比连续多年超过5%和10%，目前已经成为支撑经济发展确凿无疑的顶梁柱。汽车产业发展势头依然迅猛，自主创新、自主品牌在近五年展现出良好前景，新能源汽车、智能网联汽车的引入，为汽车产业持续发展注入新的活力，汽车产业发展潜力依然巨大。人工智能技术的突破和巨大的应用前景，新一代信息技术的发展等，电子信息制造业内部产业产品门类出现新旧更替和行业蜕变，正迎来发展的新高潮。随着环境资源约束加剧和新能源的发展，石油化工行业在广州的发展规模增长的势头会减弱，但其工业发展的基础性地位不会改变，在高附加值、新材料方面有着巨大发展空间。三大支柱产业的产业生命力依然旺盛，短期内对广州经济的支撑地位不会改变。

二 广州支柱产业发展面临的挑战

广州支柱产业在未来发展中，仍然面临诸多的挑战。

一是广州制造业的劳动力、土地等生产要素价格不断上涨，环境保护和生态建设的约束力越来越大，传统的生产成本优势正在逐渐消失。面对国内中西部地区，以及东南亚、印度、墨西哥等发展中国家或地区的低成本优势的竞争压力，广州制造业在中低端市场将逐渐失去竞争力。如何尽快提高广州支柱产业的技术含量，摆脱长期锁定在价值链中低端环节的困境，优化产品结构，提升产品附加值，逐步向人力资本、知识资本、技术资本密集程度高的价值链高端环节过渡，是当前广州支柱产业持续发展面临的最直接的考验。

二是从全球产业链价值链的价值分布来看，根据微笑曲线的理论观点，除了研发设计之外，市场营销、建立品牌以及相关的生产性服务环节也是重要的增值点。打造良好的企业形象，创立驰名的品牌商标和掌控战略性的营销网络，是提高企业利润的关键。广州的电子信息、汽车制造和石化制造这三大支柱产业中的知名企业和产业品牌的影响力，与国内先进城市、发达国家相比还有较大的差距，市场营销和战略管理能力有待进一步加强。现在，还存在相当一部分企业是国际知名品牌的加工厂，为外资做零配件加工和代工生产，没有形成自主品牌和供销网络。

三是以美国为首的西方发达国家的"再工业化"运动。2008年国际金融危机的出现，揭露了这些国家产业结构虚拟化和产业空心化所造成的实体经济缺失的弊端。在这种背景下，以美国发起的工业互联网和德国发起的工业4.0为代表的"再工业化"运动在西方发达国家逐步推动和展开，旨在利用高科技重振实体经济，同时抢占高技术和高端制造的制高点。这与正在着力改换发展动力，致力于向"三高"产业体系迈进，希望在新一轮全球产业革命、新一轮制造业全球竞争当中争夺一定话语权的广州三大支柱产业形成正面竞争。

四是当今世界网络信息技术加速向实体经济领域渗透融合，深刻改变着各领域的生产理念、生产工具、生产方式。网络空间与物理实体融为一体，加速了新工业革命的到来，推动着数字经济的繁荣。在网络信息技术与制造业深度融合的孕育下，在数字化、网络化、智能化新型工业形态的驱动下，以泛在互联、智能控制、安全可靠为特征的工业互联网蓬勃兴起。以三大支柱产业为代表的广州制造业能否在新工业革命中先行一步，率先构建起互联互通的工业互联网，形成"知名品牌+高端产品+先进网络"的立体优势，是三大支柱产业决胜未来的关键。

第四节 广州支柱产业发展的趋势展望

2016年3月，广州市发布了《广州制造2025战略规划》，提出未来十年广州将重点发展智能装备及机器人、新一代信息技术、节能与新能源汽车等十大重点领域。

十大重点发展领域2025年发展目标如下：

・航空与卫星应用 总产值超1200亿元；

・高端船舶与海洋工程装备 总产值2000亿元，产业创新能力进一步提升，产业关键技术取得突破；

・轨道交通 总产值1600亿元，建设具有全球影响力的轨道交通装备制造集成研发基地；

・能源及环保装备 总产值3000亿元，成为支撑广州经济发展的重要增长点；

・新材料与精细化工 总产值6100亿元，质量、品牌效益进一步提升，建成国内一流的新材料和精细化工产业基地；

・新一代信息技术 总产值8500亿元，建立起完整的"终端设备设施—基础网络服务—信息应用服务"互联网产业链，年均增速达到15%，建成极具影响力的国家级新一代信息技术基地；

・节能与新能源汽车 总产值6500亿元，新能源汽车年产量突破100万辆，自主品牌节能与新能源汽车同国际先进水平接轨；

・都市消费工业 总产值3900亿元，形成高端引领和创新示范作用的现代都市产业体系；

·智能装备及机器人　总产值突破3000亿元，建成珠三角乃至全国智能装备关键设备、技术供应和研发创新中心；

·生物医药与健康医疗　总产值3000亿元，建立完善的生物健康产业创新体系。

石化产业、汽车制造业、电子产品制造业是广州目前的三大支柱产业，根据《广州制造2025战略规划》要求，未来新一代信息技术、节能与新能源汽车、新材料与精细化工三个领域到2025年的预期产业总计21100亿元，占到十大重点领域预期总产值的54%。

习近平新时代中国特色社会主义思想和党的十九大报告均明确指出建设现代化经济体系，并指明了建设现代化经济体系的路径和重点产业，强调要把新一代信息技术等战略性新兴产业发展作为重中之重。

2017年年初，广州市委确立IAB（新一代信息技术、人工智能、生物医药）计划，聚焦发展新一代信息技术、人工智能、生物制药，着力做大，抢占先机。2018年3月，广州市出台《广州加快IAB产业发展五年行动计划（2018—2022年）》，将科技含量高、创新驱动强、未来潜力大的新一代信息技术、人工智能、生物医药三大战略新兴产业整合为一个发展行动计划，将新型显示、集成电路、工业互联网、物联网、智能机器人、生物制药、先进治疗设备等新兴产业纳入扶持范围，更明确要支持量子通信、区块链、太赫兹、干细胞与再生医学等未来产业的发展。

此外，2017年7月，广州部署下半年经济工作中首次提出"NEM"（新能源、新材料）产业概念。同年8月，广州发布《广州市建设"中国制造2025"试点示范城市实施方案》（以下简称《方案》），提出了8个重点领域，其中就有新材料、新能源。同年9月底，广州《财富》全球论坛在硅谷路演的相关报道中，NEM产业已被提升到与IAB产业"平起平坐"的高度。

在《方案》中,两个产业的计划是:

新材料:到 2019 年年底,新材料产业高端化、品牌化取得明显成效,产值达到 3600 亿元,推动新材料产业智能化、绿色化、健康化升级,建成国内新材料产业集聚区。

新能源:到 2019 年年底,产值达到 1200 亿元,新能源产业核心关键技术攻关、产品研发及科技成果转化取得明显成效,力争建成全国重要的新能源产品研发基地。

无论是十大重点领域、八个重点领域,还是 IAB/NEM 五大重点发展产业,均体现了广州市委、市政府深入贯彻创新、协调、绿色、开放、共享的发展理念,坚持高质量发展,在建设现代化经济体系走在全国前列的战略部署。在中国经济进入新常态,广州经济进入新旧动能转换,迈向高质量发展阶段,广州需要寻求新的技术突破形成新的支柱产业。这决定了广州未来的支柱产业将在前沿性、基础性两个维度范围产生,加上原有的产业基础、新技术对传统产业的赋能和融合发展,未来十年,广州极有可能在新能源、智能互联汽车、IAB、NEM、高端装备制造等领域形成新一代的支柱产业组合,为广州经济架起新的"四梁八柱"。

第五章 改革开放以来广州产业布局的演进过程

一个城市或地区的产业布局一般是随着社会生产力的不断提高，产业结构的调整，伴随着城市空间结构的变化而呈现一个动态演变过程，大多遵循均质式、点状式、点轴式及网络式的发展规律。广州市作为中国改革开放的前沿阵地，城市发展已经进入后工业化阶段的国际大都市，其产业空间演进也经历了跳跃式扩散、"一带三翼"和三个产业集聚带的发展阶段，体现出从集聚到扩散再到带状、趋向网络状发展的特点。

第一节 产业布局演变的一般规律

一个城市或地区的产业布局是随发展阶段变化而变化的动态演变过程，是随着技术进步、产业创新和结构调整而发生变化的，一般都遵循从均质模式、点状模式、点轴模式到网络状模式的产业布局演变规律。

一 均质布局模式

产业革命之前，城市发展的工业化前期阶段，由于生产力水平不高，国家和地区以农业为主，土地分布具有广泛性与分散性的特点，导致产业布局分散无序、地区差异不明显。同时，城镇的形成和发展比较缓慢，整体上处于一种低水平的均衡发展状态。

二 点状布局模式

它又称增长极模式,是工业化初期阶段的产业布局主要形式,第二产业为主,尤其是工业为主,产业发展围绕一个条件较好的地方,尤其是城市中心或经济中心,带动辐射相邻地区经济发展,成为地区经济发展的增长极。这个阶段的产业布局从以分散为主转变为以集中为主。在空间格局上,集聚发展增长极通过与周边地区的空间联系而成为支配和调控经济活动空间分布与组合的重心;在产业发展上,增长极通过与周边地区的经济技术联系而成为区域产业发展的中心。通过增长极的不断发展及其产生的乘数效应,促进和带动周围广大城镇和农村地区的经济发展。

三 点轴布局模式

进入工业化中后期以后,随着城市经济的进一步发展,工业点的不断增多和延伸扩张,在原工业中心区域的其他地方形成新的增长极,各增长极之间的产业联系不断加强,从而促使道路交通、电力热力等动力系统供应及通信系统、供水系统等各种形式的线状基础设施的建设,并贯穿各个产业增长极之间的联系,这一线路即为轴。轴线的形成改变了沿线地区的区位条件,从而吸引各种经济资源的集聚,最终带动沿线地区的发展。各个增长极通过线状基础设施联系加强,形成产业密集带,实现由点带轴、由轴带面,最终促进整个区域经济的发展。

四 网络布局模式

城市进入后工业化时期,科学技术对产业发展的推动作用进一步加强,交通通信发达,增长极(点)和发展轴的空间规模不断扩张,从而形成不同等级的点和轴线。不同等级轴线上的不同增长极（点），由于人才、技术、信息、市场、商品等的相互交流需要，必然要和周围其他多个增长极（点）产生联系，在增长极（点）与增长极（点）之间形成纵横交错的交通、能源、通信、水源供给等联系网络，从而形成网络模式。产业布局根据区域内城镇体系和交通网络依次展开，产业发展更趋向综合性、兼容性的空间和多种产业交叉的状态发展，呈现网络状布局模式。

第二节 国外大都市产业布局调整趋势

一 产业空间布局呈现明显的逆序圈层化

从纽约、巴黎、东京等国际大都市的产业空间布局变迁及现状来看，随着城市空间结构的演变，产业的空间布局大多呈现核心、内环、外环和郊区的圈层结构；产业的集聚和扩散，在空间上依次表现为城市核心区—中心城区—城区—近郊区—远郊区—农村，这是一个级差地租递减的过程，也是产业空间分布从第三产业—第二产业—第一产业的产业附加值递减的过程。城市核心区的产业以技术、资金、信息密集的金融、法律、咨询和出版印刷业为主，其次是外贸、工程、广告、新闻、会计等专业技术服务业，最后是文化娱乐业；内环则以零售业、医疗与社会救助等传统的第三产业和高附加值的制造业为主，并且与核心区形成产业梯度转移与衔接关系；在外环和郊区，则主要是传统的第三产业和制造业（见图5-1）。

从产业空间扩散的视角看，在东京、纽约、巴黎等国际化大都市，资金、技术、信息密集型产业和专业技术服务产业从无到有，逐步地成长和发展壮大，推动着大城市的产业技术革新和行业结构优化，第二产业逐步按照城市核心区—内环—外环—郊区的规律向外迁移，所占比重随着远离核心区而逐步减小，而农业在三大都市难觅踪迹。传统的第三产业与人口的分

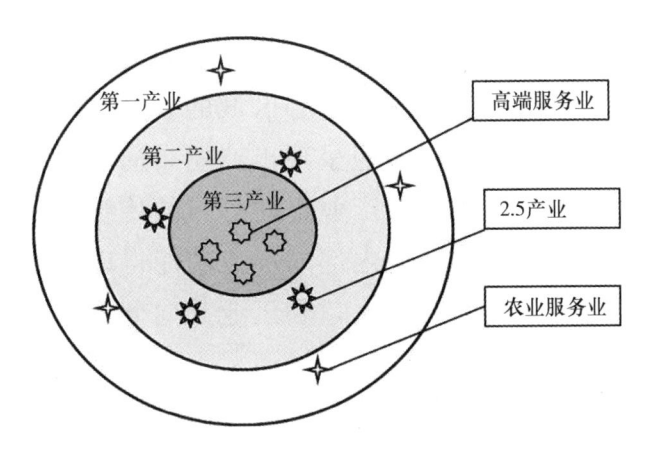

图 5-1 国际大都市产业布局特点

布密切相关,在三大都市的城市核心区、内环和外环区域均有分布(见表 5-1)。

表 5-1　　　　　国际大都市产业布局比较

空间结构＼城市	纽约	巴黎	东京
核心区	金融保险业、出版印刷业、专业技术服务、信息业、娱乐业、服装业、纺织业	金融业、出版印刷业	金融业、出版印刷业
内环区	批发零售业、医疗与社会救助业、制造业	出版印刷业、金属制品业、一般机械设备	政府和教育、纺织和服装业、出版印刷业
外环区	制造业规模极小	电气机械设备业、运输机械设备、一般机械设备、食品、精密仪器	政府和教育、企业服务业、商业、出版印刷业

二　集聚与扩散共存是产业布局发展的总体趋势

随着通信技术的进步和交通便利性的增强,城市发展空间得到不断拓展,要素的流动加快,促使产业的集中和扩散并行。一方面,由于交通条件、通信技术发展、现代物流与电子商务的普及，大大拓宽了城市产业活动的区域范围；而且，城市中心用地资源越来越稀缺，城市中心区域的发展出现了规模不经济现象，大都市经济活动普遍呈现出产业布局相对松散和远距离空间扩散的态势，使城市产业空间分布的传统模式发生根本性变革。这使曾集中于城市内部的产业功能得以在更广的范围内延伸，特别是中心城区的人口和工业趋向郊区，产业空间呈现扩散化发展趋势。

另一方面，在世界范围经济一体化的背景下，区位条件最好、人口规模大、信息量最大化及其信息传输完善化的城市中心区，成为巨量信息的复合体，高质量、多功能的协调发展与合作需求又将各种功能在城市中心区重新整合。以生产性服务业为重点的新型集聚产业形态产生了对空间的集中化需求，而生产性服务业的集中化，进一步促进商务活动的空间集聚，使产业空间分布呈现集聚化趋势。

三 产业空间发展呈现多中心网络化的趋势

受经济运行全球化和信息化的影响，城市土地使用的兼容化和功能分区的融合，改变了城市土地资源的开发利用模式；而且，现代信息技术的发展，使传统的空间区位影响大大减弱，城市不同地段的区位差异不断缩小，产业活动克服了物理空间的障碍而出现进一步的扩张。在产业扩张的同时，一些传统城市中心的地位不但没有减弱，反而得到增强，它以经济活动某个节点的形式延伸扩大到整个城市范围，并逐渐形成新的经济次中心。大都市向分散的结构扩张发展，这一结构具有多个次中心、分散化的制造业和集中发展的服务业，改变了工业经济时代单中心圈层式的空间结构。一个多中心网络化的空间结构不断形成，相应地，产业空间结构也逐步趋向多中心网络化。20世纪70年代后，东京、纽约、伦敦和洛杉矶等西方发达国家大都市的空间发展，充分印证了这一趋势。

四 以生产性服务业推动制造业高端化发展

国际大都市一般都经历了制造业加快发展和扩张的阶段，目前已经进入后工业化阶段。虽然城市中心区制造业比重下降，但大都市的整体制造业水平却得到提高。即使是纽约、东京、洛杉矶这样的国际大都市，工业制造业依然是这些城市的重要产业，特别是电子信息技术、生物技术、新材料等高新技术产业，以及服装、食品、印刷等都市型工业制造业。国际先进城市在推动制造业高端化发展的过程中，一般都会根据各自情况，制定生产性服务业发展战略，对其进行空间开发规划，尤其重视中央商务区的建设，以吸引跨国公司的总部和地区总部落户。通过生产性服务业在城市中心区的集聚发展，为制造业提供发达的金融、法律、会计等专业服务，从而促进制造业向高端化方向发展。

五 产业结构高级化是促进产业空间更新的主力

随着经济全球化的推进，纽约、东京和伦敦等国际大都市的产业结构中，其支柱产业经历了由轻到重再转变到轻的高级化过程，产业结构调整总体上呈现出"软化"和"服务化"的特征，逐渐发展成为全球性经济活动的控制与管理中心。在这些国际大都市形成全球城市的过程中，产业结构高级化是非常重要的推动力量。而城市产业结构高级化的过程，同时也是产业空间格局调整优化的过程，表现为新的产业空间形成与原有产业空间的升级更新。城市产业结构不断向高级化转变，实质上就是传统的较低层次和低效率的产业形态经历发展成熟稳定之后逐渐走向衰落；同时，新技术的产业化利用推动较高层次和高效率的产业形态不断成长，表现出新生的城市主导产业取代衰退的传统落后产业，并直接驱动城市产业空间格局的演化更新，以适应新兴产业的发展。由城市新兴主导产业形成的新经济活动，必然要落实到具体的土地空间上，产业经营活动的形式与内涵的结构性变化，也就必然引致空间格局的变化。从纽约、伦敦、东京和巴黎等国际大都市的发展历程中可以看出，产业结构调整升级和产业空间分布格局的优化是走向全球城市的直接驱动力，呈现出以现代服务业集聚区、高新技术产业区和都市型工业区的空间类型。

第三节 广州市产业空间布局的演进历程

一 跳跃式扩散阶段（1978—1999年）

广州作为"千年商都"，商贸业发展一直茂盛，工业相对落后，到新中国成立之前，它还是一个商业城市。新中国成立之后，广州经济发展的战略方针从"消费城市"转变为"工业生产城市"，至20世纪80年代初，基本形成城区以轻纺、机电加工业为主，市郊周边以重化工业为主的产业分布格局。20世纪80年代末期，随着珠三角地区中小县市的全面开放和迅猛发展，广州的传统优势减弱，促使生产技术发生革新和产业结构出现调整，引起产业空间的地域扩散，导致工厂和就业职位由广州迁往郊区或郊县。一些大型的工业区分布在距中心城区更远的地方，如吉山汽车工业区（城区以东18千米）、大田山石油化工业（城区以东22千米）、广州经济技术开发区（城区以东25千米），呈现出"蛙跳式"空间扩散态势。1990年，广州第二产业主要集聚在番禺、花都、海珠等区县。其中，番禺一县第二产业产值约为全市第二产业总产值的三分之一。受到传统城市建设与产业布局观念影响，广州第三产业主要集中在广州市区范围以内，越秀、荔湾等主城区为主要集聚区，番禺区和白云区也有一些分布。

20世纪90年代以后，随着广州经济实力的增强和产业结构调整的迫切需要，以及土地制度改革的推行，城市土地开始有偿使用，中心城区的一些占地较多、污染较大的老企业纷纷向外迁移，从而也带动了就业人口和商业服务业向郊区的扩散。这一阶段，广州经济技术开发区、天河高新技术产业开发区等以出口加工工业、高新技术产业为主的产业园区的设立和建设，使广州东南部成为重化工业、新型轻加工业，尤其是高技术工业重点倾斜的地区，形成中心城区以服务业、轻工业为主，外围以重化工业、高新技术为主的产业空间格局，郊区化趋势显现（见图5-2）。

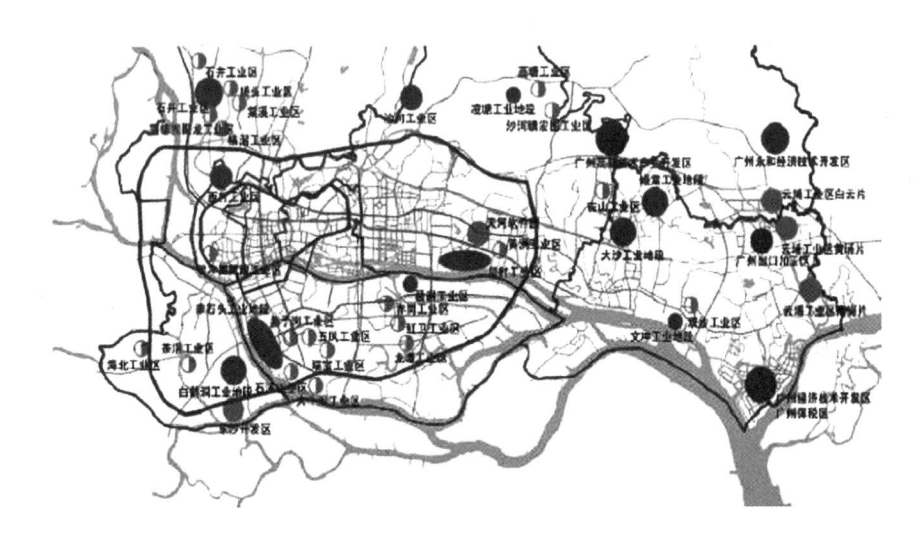

图5-2 20世纪90年代后期广州工业布局
资料来源：广州市规划局。

二 "一带三翼"形成阶段（2000—2010年）

2000年前后，受重化工业发展战略的影响，广州分别在几个新兴区域（副城区）设置了一批汽车、造船、钢铁和石化等重化工业项目。2003年提出的建设现代化大都市的城市战略目标，明确了第三产业将会是一个长期的发展重点。从空间资源、发展趋势以及规划政策导向来看，广州基本形成"一带三翼"的产业空间布局。"一带"即以黄花岗科技园向东连接天河高新区、天河软件园、广州经济技术开发区、广州科学城、新塘高新产业区等形成的一条高新技术产业带;"三翼"指广州—新塘"东翼"、广州—南沙"南翼"和广州—花都"西北翼"组团。其中,东翼组团重点发展制药、汽车、环保、机械制造、电子、新材料、农产品加工和纺织等产业,南翼组团重点发展钢铁、石化、机械装备、精细化工、汽车零配件及信息技术产品等产业,西北翼组团以汽车(摩托车)、建材、橡胶、皮革等行业为主(见图5-3)。

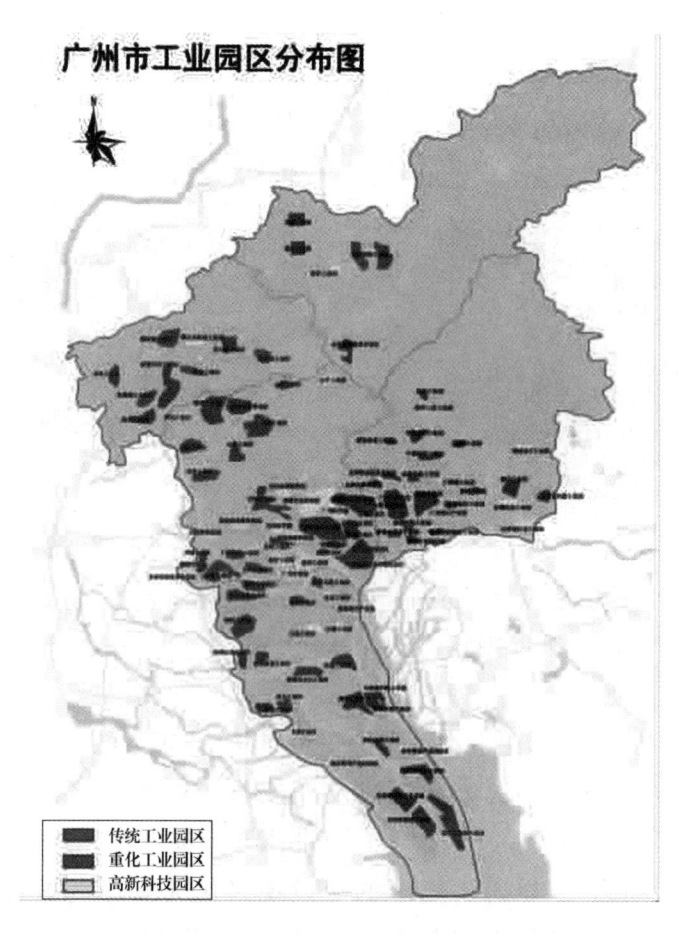

图5-3 2007年广州工业园区布局

资料来源:叶昌东、周春山、刘艳艳:《近10年来广州工业空间分异及其演进机制研究》,《经济地理》2010年第30卷第10期。

三 形成三个产业集聚带（2010年至今）

2010年以来，按照"南拓、北优、东进、西联、中调"的城市空间发展战略，广州市加快推进产业结构优化升级，优化产业空间布局，逐渐形成东部、南部和北部三个产业集聚带，推动优势产业向重点园区集聚。东部产业集聚带从黄埔经萝岗至增城南部，重点发展先进制造业、战略性新兴产业和生产性服务业；南翼产业集聚带从番禺到南沙，重点布局高端船舶制造、装备制造、精品钢铁制造等临港产业；北翼产业集聚带从白云区北部经花都到从化，集中发展空港服务、先进制造业和战略性新兴产业。

2015年，广州市"十三五"规划纲要提出要构建"一江两岸三带"的城市空间格局，其中，"三带"即三个经济带，将按三大地段来建设。在珠江前后航道中段，以珠江新城、广州国际金融城、琶洲会展总部与互联网创新集聚区、广州大学城—广州国际生物岛研发创新服务区为核心，高水平打造总部金融创新产业集聚发展核心区；在西航道、后航道和黄埔东航道，重点建设越秀—海珠文化金融商旅区、白鹅潭经济圈、广州国际创新城、黄埔临港经济区四大现代服务业集聚区；在珠江航道黄埔港至龙穴岛段沿江区域，重点建设高端装备制造业区、国际物流商贸区、现代航运服务业集聚区和滨江滨海生态旅游区。

第四节 广州市产业空间布局的现状评价及特点

一 广州市产业布局现状特点

（一）市域产业空间呈现圈层与组团式极化发展并举的布局态势

城市产业空间布局一般经历产业空间集聚—产业空间扩散—都市圈（带）发展阶段。这一发展过程伴随着城市空间结构相应的变化。从国内外发展经验来看，城市产业布局与城市空间结构密切相关。自2000年以来,广州市历经几次行政区划调整,优化合并老城区,积极拓展新城区,完善了广州城市空间结构,形成圈层式多中心城市结构。城市发展空间的不断优化,促进了各区产业结构的优化调整和城市内部的产业分工与合作,提高了经济效率,激发了全市经济发展活力。

各区产业发展不均衡,区域经济总量的空间分布呈现核心、中层以及外围圈的圈层式结构。以天河、越秀、荔湾、海珠四区构成城市经济空间的核心层,以占全市3.76%的面积创造了全市47.66%的地区生产总值。紧临核心层的番禺、黄埔、白云三区构成广州经济发展空间的中部层,区域面积占全市24.34%,GDP占全市32.64%,区域面积与经济总量基本相称。地处偏远的花都、南沙、增城、从化等远郊区构成外围层,占到71.9%的面积,GDP仅占全市的19.73%(见表5-2)。

表5-2 2016年广州各区地区经济密度

区域	地区生产总值占比	行政区域面积占比	经济密度（亿元/平方公里）	常住人口密度（人/平方公里）
天河区	19.38%（1）	1.30%（8）	39.46019（2）	16046（2）
黄埔区	15.33%（2）	6.51%（7）	6.208563（5）	1856（7）
越秀区	14.84%（3）	0.45%（11）	86.07456（1）	34225（1）
番禺区	8.94%（4）	7.13%（6）	3.309771（6）	2914（6）
白云区	8.37%（5）	10.70%（4）	2.06185（7）	3020（5）
海珠区	7.91%（6）	1.22%（9）	17.14978（4）	17851（3）
南沙区	6.52%（7）	10.54%（5）	1.631363（8）	837（9）
花都区	5.96%（8）	13.05%（3）	1.204713（9）	1047（8）
荔湾区	5.51%（9）	0.79%（10）	18.28697（3）	15596（4）
增城区	5.34%（10）	21.74%（2）	0.6476（10）	693（10）
从化区	1.91%（11）	26.56%（1）	0.26559（11）	317（11）

注:()中的数字为排名。

区域经济密度的空间分布也呈现核心、中部和外围的圈层式结构。经济密度体现的是单位面积土地上经济效益的水平,该值较高的区域一般为城市的经济核心区。越秀、荔湾、天河、海珠四区经济密度都大于 10 亿元/平方公里，是广州市的经济核心区。其次是黄埔、番禺与白云区，经济密度都在 2 亿元/平方公里以上，经济密度最低的是南沙、花都、增城、从化四区，均处于 1 亿元/平方公里及以下水平。从单个区域来看，2016年，天河区生产总值占全市 GDP 比重为 19.38%，连续十年全市最高，从化区排名末位，占全市 GDP 比重为 1.91%，两区 GDP 占全市比重相差约 17 个百分点，比排名第二的黄埔区经济总量还大，反映了广州市各区经济实力强弱差距悬殊。空间上，表现出全市以天河区为中心，由内向外逐步递减的核心—外围的圈层结构（见图 5-4）。

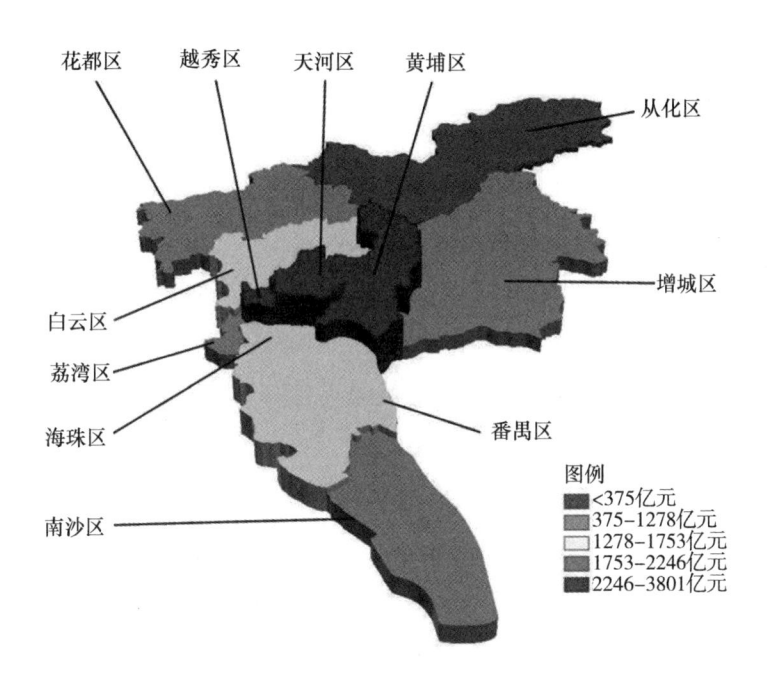

图 5-4 2016 年广州市经济总量空间分布

（二）三次产业分布从城市中心向外围呈现"三二一"的空间格局

从三次产业的空间分布看，全市呈现由核心圈的第三产业、中部圈层的第二产业、外围圈层的第一产业的"三二一"分布格局。三次产业结构从核心圈向外围圈层的三、二、一的依次分布，呈现与城市经济空间功能相协调的发展格局。

第一产业主要集中在距离城市中心较远的外围区。南沙、增城、从化等远郊区三区合计占到全市第一产业增加值总量的58.99%；白云、花都等也依然存在相当部分的第一产业。南沙、增城、花都、白云、从化等外围区的第一产业增加值合计占全市第一产业增加值的90%以上（见图5-5）。具体来看，北部的增城、从化及花都北部和黄埔等地，主要发展岭南特色水果、畜牧业、生态林业、水产养殖等生态型农业；东部的增城中南部，则以优质稻米、无公害蔬菜等效益性都市农业为主；花都西部、白云西北部，以水产养殖、高档花卉与盆景生产等出口型农业发展为主；南部的南沙和番禺，主要发展亚热带水果、咸淡水养殖；中部城乡接合区，包括白云中北部、荔湾西部、海珠南部、黄埔九龙南部、番禺北部，以休闲农业、农产

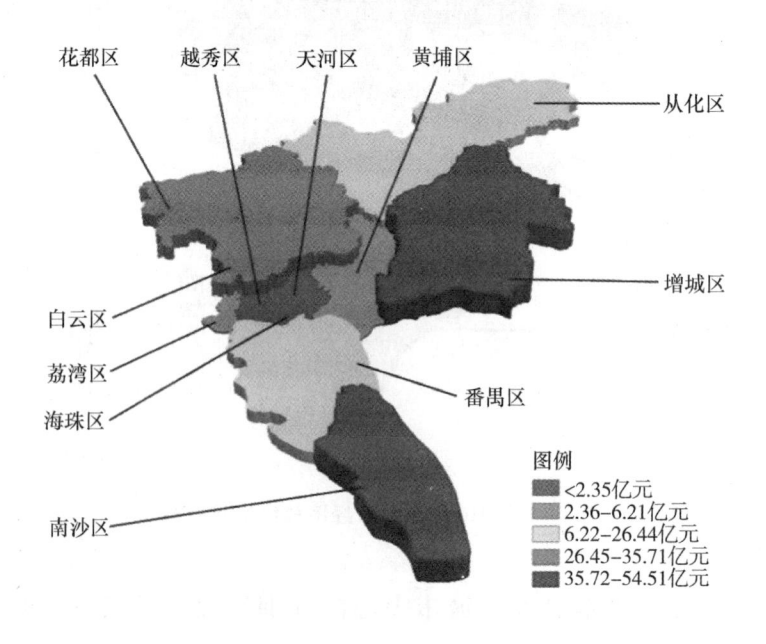

图5-5 广州市第一产业空间分布

品物流业和花卉水果种植、观赏鱼及观赏鸟养殖等服务业型农业发展为主。

第二产业主要分布在黄埔、花都、南沙、从化、增城等城市外圈，尤其东部的黄埔区已经成为广州的第二产业中心，占全市比重超过30%，远远领先其他区。南沙、番禺和花都占比均超过10%，增城、天河、白云区第二产业占比都在5%以上，海珠、从化、荔湾、越秀占比都低于5%。从轻重工业分布来看，轻工业主要集中在番禺、白云、海珠等区，企业数量众多，从业人员也很多，但产值和劳均产出并不高，表现出劳动密集型的特点。黄埔区的工业企业相对较少，但总产值大，是广州市重化工业基地。具体到制造业，它形成三条集聚带，一是东部先进制造业集聚带，包括天河区东部、黄埔区、增城南部的产业组团。该区域主要载体包括天河智慧城、广州开发区、增城开发区，主要聚集了一批知识密集型、资本密集型、技术密集型产业集群。智能装备、机器人、新一代显示技术、生物制药产业在这一区域集聚效应明显。二是南部先进制造业集聚带。包括番禺、南沙产业组团。这一区域已经成为国家重大成套技术和装备产业基地，集聚了造船、汽车制造、核电设备、节能环保装备、数控设备等高端装备和海洋工程等大型工程装备以及隧道机械设备等重型装备产业。随着一批重大科技创新平台在南沙布局，体现制造业升级的高端研发、精密制造和系统集成环节也向南沙集聚（见图5-6）。三是北部先进制造业集聚带，包括白云区北部、花都区和从化区西南部产业组团，该区域主要聚集汽车、装备制造、生物医药、新材料等产业。随着广州空港经济区和国家航空经济示范区建设的推进，一大批航空和临空产业开始向该区域集聚。

广州市已经形成以服务经济为主的产业结构特征，服务业空间布局也呈现集聚发展态势，并逐步体现都市圈层结构分布特色。第三产业的空间梯度式发展趋势明显，第一梯度为天河和越秀，第二梯度为海珠、白云、番禺、黄埔，其余各区为第三梯

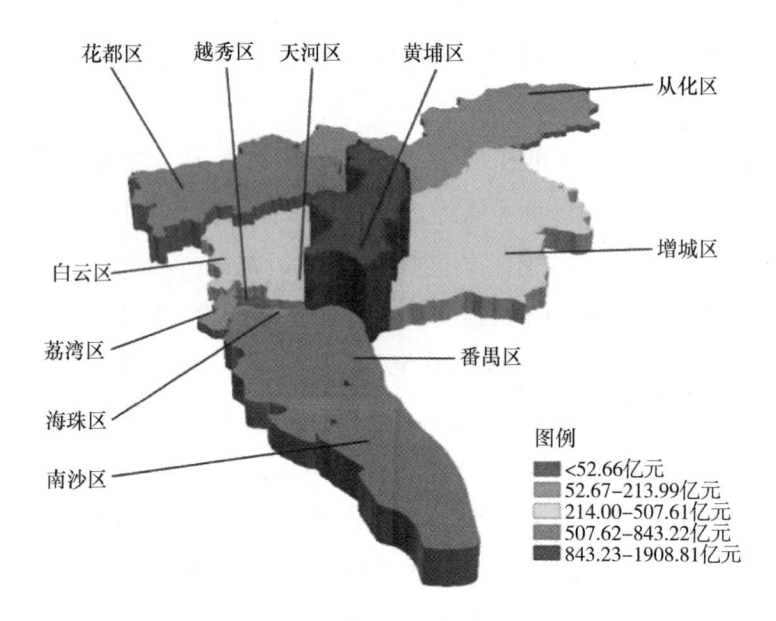

图 5-6 广州市第二产业空间分布

度，呈现出显著的中心—外围特征。具体到服务业空间布局，在中心城区，沿广州城市新中轴线并向南延伸形成天河中央商务区（包括天河北、珠江新城、广州国际金融城），以及琶洲会展总部经济区。天河中央商务区目前已经成为华南地区总部经济和金融、科技、商务等高端服务业高密度集聚区。琶洲会展总部经济区主要聚集了会展企业总部、电子商务与商贸服务机构以及国际组织、旅游、信息技术、文化创意、广告、金融、建筑等会展关联产业。随着现代服务业规模的持续扩大，以天河中央商务区、琶洲会展总部经济区为核心的现代服务业集聚区开始沿江向东拓展，国际金融城、黄埔临港经济区等现代服务业功能区全力推进，第二 CBD 的概念呼之欲出。与此同时，白鹅潭产业金融服务创新区在珠江主城区段西端崛起，主要为珠江西岸先进装备制造业产业带提升服务与支撑。外围区域主要依托大型交通枢纽和国家级开发区，形成南沙开发区、空港经济、广州开发区三大生产性服务业基地和若干特色服务功能组团（见图 5-7）。

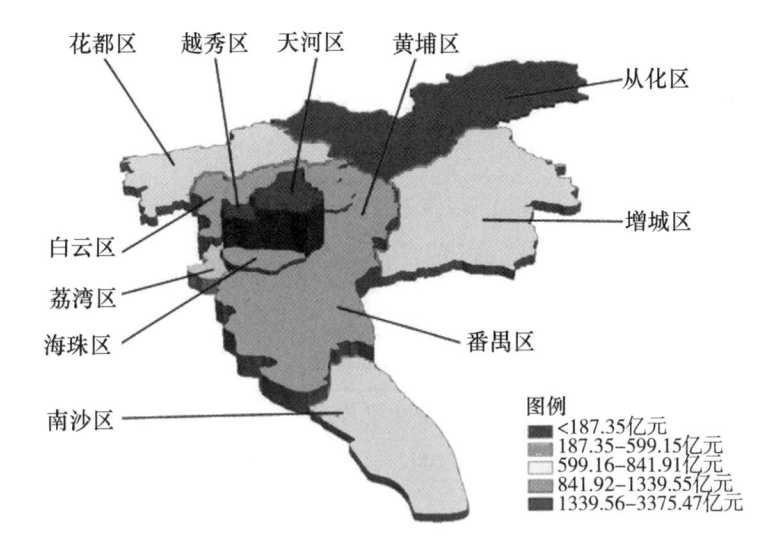

图 5-7 广州市第三产业空间分布

(三) 各行业空间差异性较大

为了更深入掌握广州市产业空间分布特点，运用区位熵和地理集中指数①对广州市各行业的空间分布进行分析。关于行业的分类，第一产业不做细分，即农、林、牧、渔业（A）；第二产业分为工业（B、C、D）和建筑业（E）；第三产业分为交通运输、仓储和邮政业（G），批发和零售业（F），住宿和餐饮业（H），金融业（J），房地产业（K），余下的第三产业行业合并为其他服务业。

地理集中指数可以衡量产业在某个区域分布的集中程度，分为绝对地理集中指数和相对地理集中指数，绝对地理集中指数是在不考虑地区规模的情况下，经济活动地理分布的绝对集中程度，而相对地理集中指数指某经济活动的地理分布不同于平均分布的程度。本次分析以绝对地理集中指数为标准，相对

---

① 地理集中指数可以衡量产业在某个区域分布的集中程度，包括绝对地理集中指数和相对地理集中指数。本次分析以绝对地理集中指数为主，相对集中指数作为辅助验证。

集中指数作为辅助验证。通过对广州市各行业空间集聚程度的量化分析表明，金融业的空间集聚程度最高，其次是交通运输、仓储和邮政业以及工业。其他服务业也较为集中，再紧随其后的为农、林、牧、渔业。集聚程度最低的是住宿和餐饮业、批发和零售业以及建筑业、房地产业（见表5-3）。

表5-3　　　　　　　2015年广州市各行业地理集中指数

	绝对地理集中指数	排名	相对地理集中指数	排名
农、林、牧、渔业	0.1201	5	0.1153	2
工业	0.1290	3	0.0898	3
建筑业	0.1054	7	0.0480	6
交通运输、仓储和邮政业	0.1291	2	0.0851	4
批发和零售业	0.1016	8	0.0372	9
住宿和餐饮业	0.0967	9	0.0399	7
金融业	0.2059	1	0.1519	1
房地产业	0.1061	6	0.0399	8
其他服务业	0.1243	4	0.0490	5

通过对广州市各区各行业区位熵的分析，结果显示，金融业是广州集聚度最高的行业，高度集中在越秀和天河区，其次是荔湾和海珠两区。交通运输、仓储和邮政业主要集中在白云区，区位熵高达3.7397，其次为荔湾、越秀和海珠区，均大于1。南沙和黄埔是广州市工业发展的两大集聚中心，番禺、花都、增城、从化则形成次级集聚中心。农、林、牧、渔业高度集中在从化区，其次是增城、南沙、花都等城市远郊区以及白云、番禺等近郊区。房地产业集聚程度最高的为海珠，其次为番禺、白云、从化。建筑业区位熵最高为从化区，其次为海珠、番禺、南沙。批发和零售业区位熵最高是荔湾区，花都和增城一东一西形成广州批发和零售业集聚副中心。住宿餐饮业的空间集聚程度较小，分布较为分散，区位熵最高的是从化，最低的是黄埔区（表5-4）。

第五章 改革开放以来广州产业布局的演进过程 79

表5-4 2015年广州市各区分行业区位熵

分区	农、林、牧、渔业	工业	建筑业	交通运输、仓储和邮政业	批发和零售业	住宿和餐饮业	金融业	房地产业	其他服务业
荔湾区	0.3932	0.6878	0.4752	1.0430	2.0856	1.5427	0.2742	0.9173	1.0069
越秀区	0.0000	0.0259	0.4147	1.4489	1.1933	0.9428	3.3074	0.5926	1.3003
海珠区	0.1297	0.2842	1.9055	1.3183	1.2123	1.6347	0.1998	2.0088	1.4481
天河区	0.0329	0.3495	0.6708	0.4694	0.8008	0.6647	2.4804	0.9843	1.5992
白云区	1.7024	0.6598	0.8535	3.7397	1.0285	1.3751	0.0210	1.5222	0.7706
黄埔区	0.1889	2.2104	1.1888	0.6873	0.4910	0.4608	0.0005	0.7259	0.5246
番禺区	1.3037	1.0340	1.7390	0.2284	1.1142	1.1226	0.0038	1.5420	1.1688
花都区	2.2509	1.8802	0.4966	0.3971	1.3067	1.1842	0.0064	0.6409	0.4204
南沙区	3.7265	2.3753	1.5182	0.3997	0.3484	0.6602	0.0000	0.6421	0.2960
增城区	3.8259	1.6162	0.9889	0.5393	1.3747	1.4128	0.0057	0.6463	0.4822
从化区	5.4910	1.3532	2.2817	0.4854	1.0333	2.1794	0.0606	1.1416	0.5279

二　广州产业布局合理化评价

(一) 产业布局合理化的影响因素

合理的产业布局可以充分发挥区位优势，形成产业结构的整体性和系统性，便于实现产业结构升级变迁，促进地区技术进步和经济效益提高，实现居民充分就业，改善环境。综合国内外学者的既有研究，将产业布局合理化的影响因素归纳为产业积累水平、产业发展动力和产业带动能力。

产业发展水平是支撑地区产业空间格局优化的经济基础，为产业布局的合理化提高其可行性。地区经济发展达到一定规模后，有利于在产业规划调整中降低基础设施的支出成本，形成产业集聚发展和优化调整的比较优势。衡量产业积累主要看经济总量，经济总量包括产业规模及发展速度，它由当前经济发展水平、经济发展速度决定，并受投资的影响。

创新能力和市场潜力代表一个地区的产业发展动力。创新能力通过技术进步和知识更新带来的推动效应、产业内外模仿所产生的乘数效应、新技术基础上的产业竞争导致的选择效应，对产业结构调整和产业转型升级产生积极影响。市场潜力是区域的内、外部需求的加总。由于国民收入水平提高会带来居民消费理念与消费结构的转变，从而对现有产业结构产生压力，进而影响产业布局。

产业带动能力体现在产业结构状况和产业政策导向等方面。经济发达地区的产业结构层次较高，企业之间的生产协作配合相对较好。当市场需求发生变化时，企业可以根据市场需求及时调整产品的品种或数量，增强产品生产的供给弹性。产业政策则会起到引导产业发展方向和推动产业结构升级的作用，政府通过提供倾斜性政策，吸引资本、项目和企业落户，推动形成地区产业分布和城市空间结构。

(二) 广州产业布局合理化综合评价体系构建

借鉴国内外产业布局相关理论研究和实践探讨经验,遵循可比性、科学性和可获性原则,从影响产业布局合理化的产业积累水平、产业发展动力和产业带动能力三个主要因素,选取人均 GDP、授权专利数、第二产业增加值占 GDP 的比重等 10 个二级指标,构建广州市产业布局合理化评价指标体系(见表 5-5)。本书选取《广州市统计年鉴(2016)》中各区相关统计数据,运用相关分析法和因子分析法对广州市产业空间布局进行合理化评价。

表 5-5　　广州市产业布局合理化综合评价指标体系

准则层	指标层	指标释义
产业积累水平	X_1—人均 GDP	经济发展水平
	X_2—GDP 增长速度	经济发展趋势
	X_3—固定资产投资率	扩大再生产
	X_4—人均利用外资	吸收资本的能力
产业发展动力	X_5—授权专利件数	技术水平和技术创新能力
	X_6—人均社会消费品零售总额	居民消费水平
产业带动能力	X_7—第二产业增加值占 GDP 比重	产业结构层次
	X_8—第三产业增加值占 GDP 比重	就业与生活辅助对协同推动作用
	X_9—外贸依存度	进出口对产业的带动能力
	X_{10}—非农人口比重	城市化水平

(三) 实证分析

运用 SPSS 21 将原始数据进行 Z-score 标准化处理后,对 10 个指标做相关性分析,并进行降维处理,经过 KMO 和 Bartlett 检验,表明选取指标数据适合采用因子分析。经过总方差分解,方差最大化正交旋转方法对因子进行旋转,得到因子载荷矩阵(见表 5-6)和因子系数矩阵(见表 5-7),显示人均 GDP、固定资产投资率、授权专利件数、人均社会消费品零售总额为第一主因子,它们的载荷值分别为 0.918、-0.808、0.736、0.712,主要解释产业发展动力;第二产业增加值占 GDP 比重、第三产业增加值占 GDP 比重和非农人口比重为第二主因子,载荷值分别为 -0.917、0.917、0.637,主要解释产业带动能力;GDP 增长速度、外贸依存度、人均利用外资为第三主因子,载荷值分别为 0.951、0.943、0.804,主要解释产业积累水平。

表 5-6　　　　　　　　　　因子载荷矩阵 a

	成分 1	成分 2	成分 3
X_1	.918	-.141	.288
X_3	-.808	-.266	.366
X_5	.736	.409	-.148
X_6	.712	.618	-.112
X_7	-.110	-.917	.358
X_8	.169	.917	-.346
X_{10}	.597	.637	.033
X_2	-.161	-.145	.951
X_9	-.126	-.203	.943
X_4	.417	-.390	.804

提取方法：主成分。

旋转法：具有 Kaiser 标准化的正交旋转法。

a 旋转在 7 次迭代后收敛。

表 5-7　　　　　　　　　　因子系数矩阵

	成分 1	成分 2	成分 3
X_1	.384	-.216	.016
X_2	-.118	.232	.435
X_3	-.302	.138	.172

续表

	成分		
	1	2	3
X_4	.190	-.095	.239
X_5	.220	.029	-.018
X_6	.157	.172	.064
X_7	.138	-.421	-.087
X_8	-.115	.410	.087
X_9	-.089	.186	.411
X_{10}	.092	.253	.151

提取方法：主成分。

旋转法：具有 Kaiser 标准化的正交旋转法。

(四) 广州产业布局合理化的评价

通过对广州市各区三个因子的得分计算，表明：

黄埔区产业发展能力最强，2015 年人均 GDP 全市第一，专利授权件数和人均社会消费品零售总额均处全市前列，创新与消费为产业发展提供了强大驱动力。

海珠区产业带动能力最强，城市化率为 100%，服务业占 GDP 比重高达 86%，达到发达经济体水平，产业层次较高，产业带动性强。

南沙区产业积累水平最高，原因在于 2015 年 4 月南沙挂牌"国家自由贸易区"开启了新的发展。它利用自贸区平台优势，吸引外商直接投资和发展跨境商品贸易，采取税收优惠吸引企业进驻，经济增长速度惊人，产业积累水平和产业带动能力表现突出。

天河区产业布局最为均衡、全面，产业积累水平较高，产业发展动力充足，且对全市产业具有带动能力，在各方面没有绝对的弱势。

越秀区产业发展能力和带动能力排名第二,产业积累水平较低。面临土地空间不足的困境,越秀区走上精明发展、精致增长的转型道路,发展集聚经济,知识与创新要素贡献提升,经济效益不断提高,产业发展动力和带动能力较强,但也面临增长瓶颈,增长速度缓慢。

荔湾、白云、番禺产业发展动力和产业积累水平较强,但产业积累水平最低。

从各区产业布局合理化的综合得分分析来看(见表5-8),广州各区的差异较大,越秀、天河两个经济集聚度高的地区产业布局合理化水平最高,作为自贸区的南沙区产业布局合理化水平排名第三,紧随其后的是海珠、荔湾等经济基础较好的地区。经济总量排名第二的黄埔区产业合理化水平排名第六,仅高于平均水平。低于平均水平的则是番禺、白云、花都、增城、从化等经济基础相对薄弱、产业积累不足的区域。

表5-8　广州市各区产业布局合理化综合评价得分及排名

地区	综合得分	排名	地区	综合得分	排名
越秀区	0.774341	1	番禺区	-0.018831	7
天河区	0.760163	2	白云区	-0.226731	8
南沙区	0.624546	3	花都区	-0.563527	9
海珠区	0.120599	4	增城区	-0.739461	10
荔湾区	0.088510	5	从化区	-0.907471	11
黄埔区	0.087857	6			

第六章　改革开放以来广州产业国际化演进过程

一个城市的产业国际化主要由贸易国际化和资本国际化两种力量驱动，而资本国际化则由引进外资和对外投资双向力量推动。发展中国家城市产业国际化的一般规律显示，最先发展的是贸易国际化，一个城市通过进出口贸易与广阔的国际市场产生联系，开启产业国际化的初级阶段。进出口贸易发展到一定阶段，一般都会利用本土的廉价劳动力和丰沛的土地资源等优势引进外资进行本土化生产（"引进来"），从而进入产业国际化的中级阶段。大力引进外资会迅速提升本土产业的技术水平、管理水平和国际化水平，在产业实力积累到一定阶段后开始对外投资（"走出去"），从而进入产业国际化的高级阶段。

广州作为有重商传统的千年商都，具有毗邻我国港澳地区的独特区位优势。改革开放后，它首先开启贸易国际化的大幕，并不断向全面产业国际化进程迈进。

第一节　广州外贸发展演进情况

一　外贸总体发展情况

改革开放以来，广州对外贸易取得长足发展。1978年，广州出口总额仅为1.34亿美元，1988年增长到14.59亿美元。但广州外贸真正大发展是在1993年以后，1993年进出口总额突破

100亿美元,2005年突破500亿美元,2010年突破1000亿美元大关。其中,代表广州产品竞争力的出口总额1997年突破100亿美元,2011年突破500亿美元大关(见表6-1)。

表6-1　　　　　1987年以来广州对外贸易情况　　　　(单位:亿美元)

项目 年份	外贸总额	出口总额	进口总额
1987	21.71	10.24	11.47
1988	32.25	14.59	17.66
1989	35.32	17.70	17.62
1990	41.79	23.55	18.24
1991	53.82	29.42	24.40
1992	70.75	36.87	33.88
1993	134.33	64.49	69.84
1994	161.36	86.69	74.67
1995	166.99	95.67	71.32
1996	166.89	91.36	75.53
1997	187.46	105.95	81.51
1998	178.77	103.38	75.39
1999	191.85	98.67	93.18
2000	233.51	117.91	115.60
2001	230.37	116.24	114.13
2002	279.26	137.78	141.48
2003	349.41	168.89	180.52
2004	447.88	214.74	233.14
2005	534.75	266.68	268.07
2006	637.62	323.77	313.85
2007	734.94	379.03	355.91
2008	818.73	429.26	389.47
2009	767.37	374.05	393.32

续表

年份 \ 项目	外贸总额	出口总额	进口总额
2010	1037.76	483.80	553.96
2011	1161.72	564.73	596.99
2012	1171.31	589.12	582.19
2013	1188.88	628.06	560.82
2014	1305.90	727.13	578.77
2015	1338.68	811.67	527.01
2016	1298.02	785.92	512.10

资料来源：1987—2015年数据来源于相应年份《广州统计年鉴》，2016年数据来自当年《广州市国民经济和社会发展统计公报》。

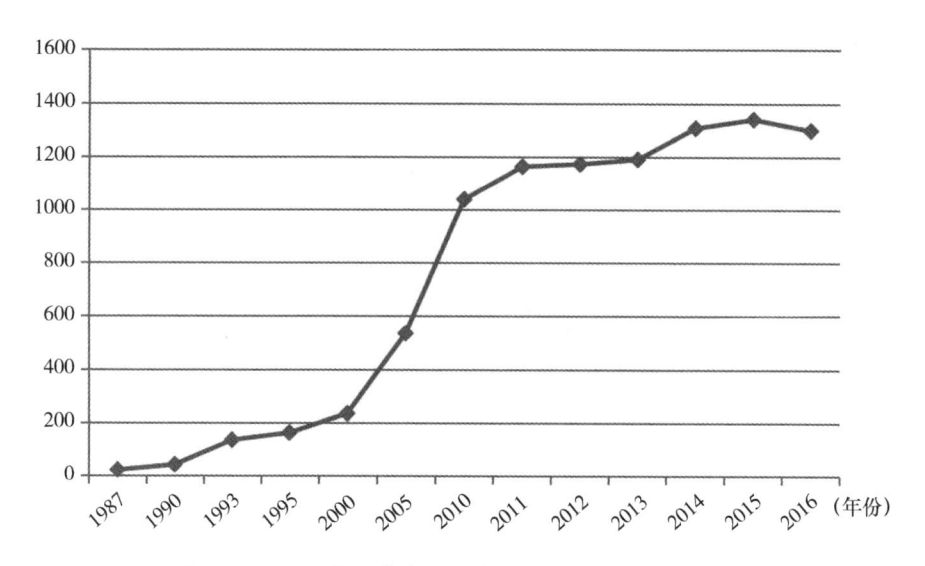

图6-1 1987年以来广州进出口总额（单位：亿美元）

资料来源：1987—2015年数据来源于相应年份《广州统计年鉴》，2016年数据来自当年《广州市国民经济和社会发展统计公报》。

从图6-1可以看出，广州外贸发展经历了四个发展阶段，第一阶段为启动阶段（1978—1987年），外贸增长较为缓慢，1987年进出口总额只有21.71美元；第二阶段为加速阶段

(1987—1993年),1993年进出口总额突破100亿美元大关;第三阶段为快速增长阶段(1994—2010年),进出口总额从100亿美元猛增到1000亿美元以上;第四阶段为新常态增长阶段,从2011年开始,进出口总额增长基本告别两位数增长,进入较为平稳的发展阶段。其间,受2008年国际金融危机影响,2009年进出口总额比上年略有下降。

二 对外出口市场结构变化情况

对外开放初期,广州出口以中国香港和其他亚洲地区为主。以1981年为例,对中国香港的出口比例达53.75%,超过半壁江山,对亚洲其他地区的出口比例占21.31%,对欧洲和北美的出口比例分别只占5.65%和3.91%,如图6-2所示。这说明在改革开放初期,广州充分利用中国香港地区作为其连接世界的桥梁地位。

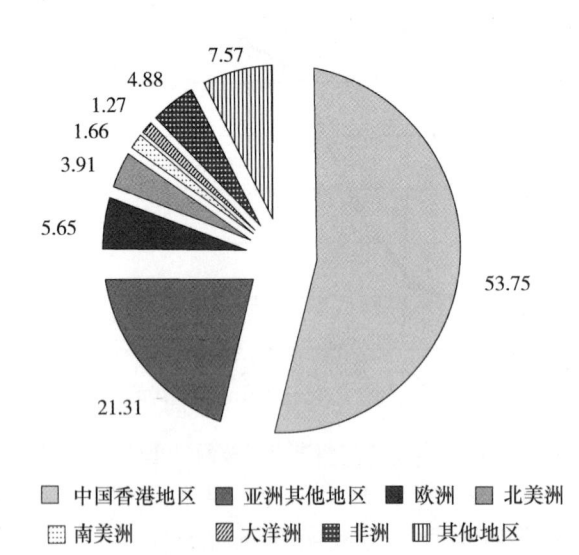

图6-2 1981年广州出口市场份额地区分布(单位:%)

说明:出口中国香港地区的比例占53.75%,顺时针方向依次是出口亚洲其他地区、欧洲、北美洲、南美洲、大洋洲、非洲和其他地区的比例。

资料来源:根据1981年《广州统计年鉴》整理。

第六章 改革开放以来广州产业国际化演进过程　89

图 6-3　2007 年广州出口市场份额地区分布（单位:%）

注：2007 年，出口中国香港地区的比例占 26.61%，顺时针方向依次是出口美国、欧盟、东盟、日本、中东、非洲、拉美、俄罗斯、韩国和其他地区的比例。

资料来源：根据 2007 年《广州统计年鉴》整理。

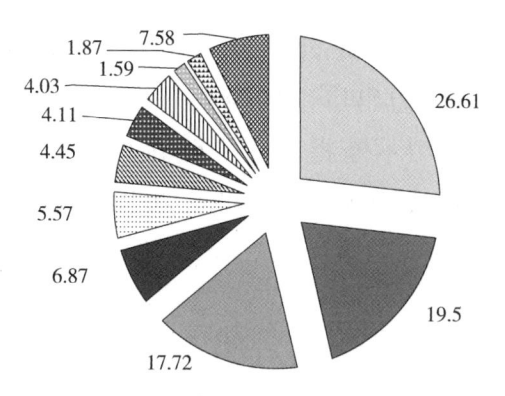

如图 6-3 所示，到 2007 年，广州对中国香港地区出口的份额下降到 26.61%，而美国和欧盟市场的出口份额不断上升，反映了广州出口贸易"走得更远"。

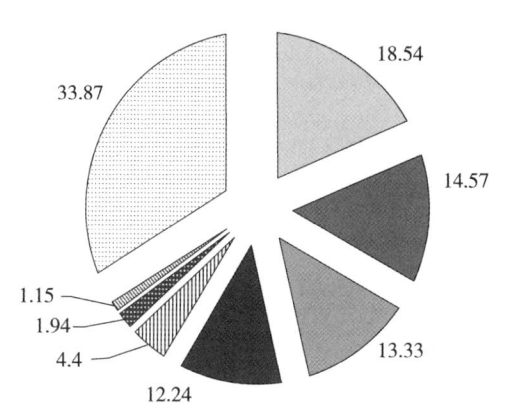

图 6-4　2016 年广州出口市场份额地区分布（单位:%）

注：2016 年，出口中国香港地区的比例占 18.54%，顺时针方向依次是出口美国、欧盟、东盟、日本、韩国、俄罗斯和其他地区的比例。

资料来源：根据《2016 年广州市国民经济和社会发展统计公报》数据计算。

由图 6-4 可知，到 2016 年，出口中国香港地区的比例降低到 18.54%，美国和欧盟出口市场份额基本稳定，出口到东盟、中东、非洲等市场份额不断提升，说明新兴市场潜力巨大。到 2016 年，广州基本形成中国香港地区、美国、欧盟和东盟四大主要出口市场的格局。

三 出口产品结构变化情况

广州出口产品结构中，初级产品与制成品的比例从改革开放初期的 1∶0.78，降低到 1990 年 1∶4.56。这一变化与 20 世纪 90 年代广州开始实施的"以质取胜"和"科技兴贸"战略相关。通过该战略的实施，广州出口的工业制成品从劳动密集型和资源密集型逐步转向技术密集型和资金密集型（见表 6-2）。

表 6-2　　　　　广州出口中机电与高技术产品占比

项目 年份	出口总额 （亿美元）	机电产品 出口额 （亿美元）	机电产品 出口占比 （%）	高技术产品 出口总额 （亿美元）	高技术产品 出口占比 （%）
2005	266.68	134.07	50	55.87	21
2010	483.8	263.91	55	99.03	20
2011	564.73	295.66	52	105.8	18
2012	589.12	309.42	53	112.73	19
2013	628.06	311.48	50	107.21	17
2014	727.15	357.94	49	126.66	17
2015	5034.67	2553.93	51	854.37	17
2016	5187.05	2692.16	52	928.94	18

资料来源：根据《2005—2016 年广州市国民经济和社会发展统计公报》数据计算。

从 2012 年开始，广州出口产品中，机电产品出口总额突破 300 亿美元，约占出口总额的 53%；高技术产品出口总额超过 100 亿美元，约占出口总额的 19%，说明广州本土产业不断升级，科技含量和附加值不断提高。

四 外贸依存度变化情况

外贸依存度是指进出口总额占地区生产总值的比例。改革开放以来，广州进出口总额增长迅速，从 1987 年的 21.71 亿美元增长到 2016 年的 1297.06 亿美元，30 年间增长近 60 倍。外贸依存度却呈现出不断降低的发展趋势，如图 6-5 所示。

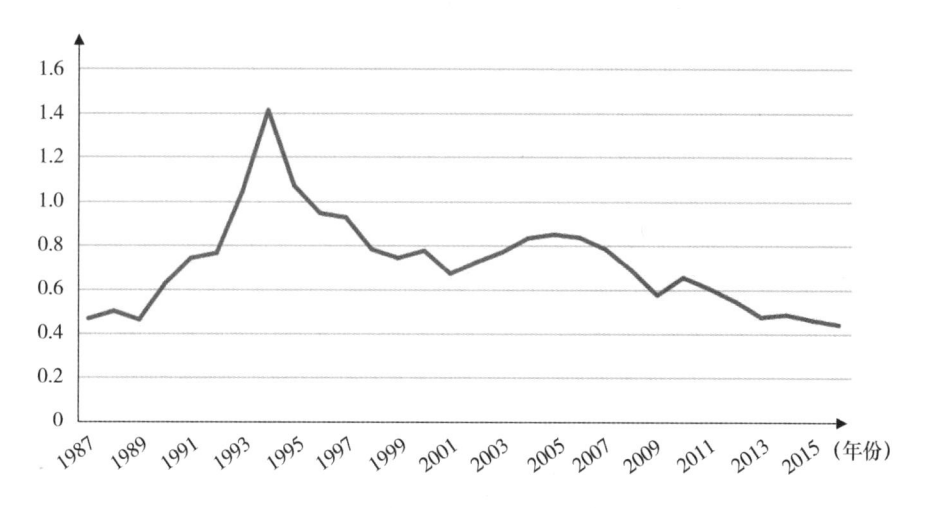

图 6-5 广州外贸依存度变化情况

资料来源：根据《2005—2016 年广州市国民经济和社会发展统计公报》数据计算。

近年来，广州外贸增长速度有所放缓，但外贸总额规模却在持续扩大。与此同时，外贸依存度从 20 世纪 90 年代的 80%以上降低到目前的 40%多，说明广州产业一方面通过对外贸易规模的扩大持续实现国际化；另一方面，也在不断拓展广阔的国内市场，经济发展的内在动力不断增强，抵御国际经济风险的能力不断提升。

改革开放以来，广州外贸持续快速发展，除了毗邻中国港澳地区的区位优势外，也与广州市政府鼓励外贸发展的战略和政策

92　广州产业发展演进及未来趋势

分不开。例如1990年，广州出台《关于加快推进广州市营商环境和做事规则国际化的意见》，为广州外贸发展营造了良好的环境。该政策出台后，广州外贸开始以两位数的高速度持续增长。

第二节　广州利用外资的演进情况

一　利用外资数量增长情况

通过历年新签外商直接投资项目数量（见图6-6）、合同外资金额和实际使用外资金额三个指标，基本可以了解广州利用外资的情况。

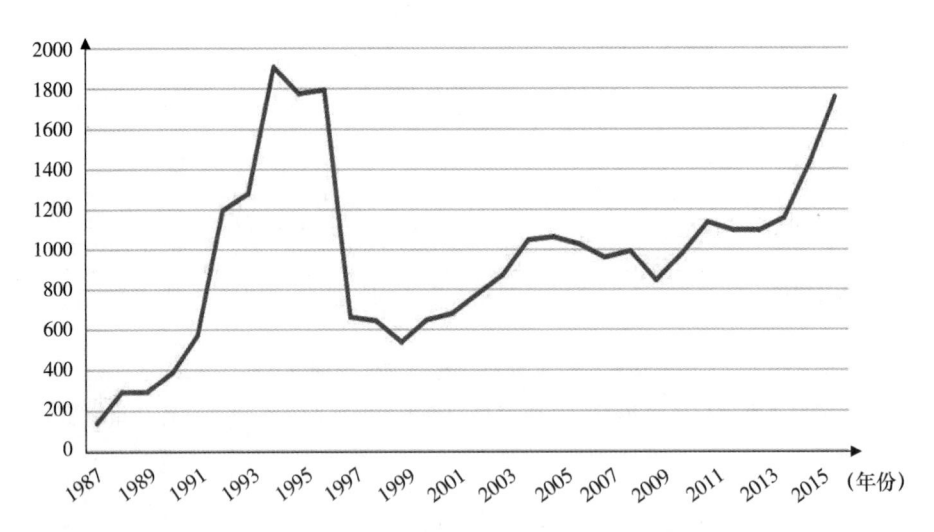

图6-6　广州历年新签外商直接投资项目情况（单位：个）

资料来源：综合历年《广州统计年鉴》与《广州市国民经济和社会发展统计公报》。

广州利用外资开始于1978年，当年签订了2个外商直接投资项目。随后，广州每年新增签约的外商投资项目数量急剧增加。1986—1997年间，每年新签约的外商投资项目数增长极为迅速。

1998年的国际金融危机对广州吸引外商直接投资产生非常

大的影响，当年新签约的外商投资项目数少于 1000 个。随着金融危机的消退，广州吸引外商投资项目数量逐步回升，到 2016 年达到 1757 个。

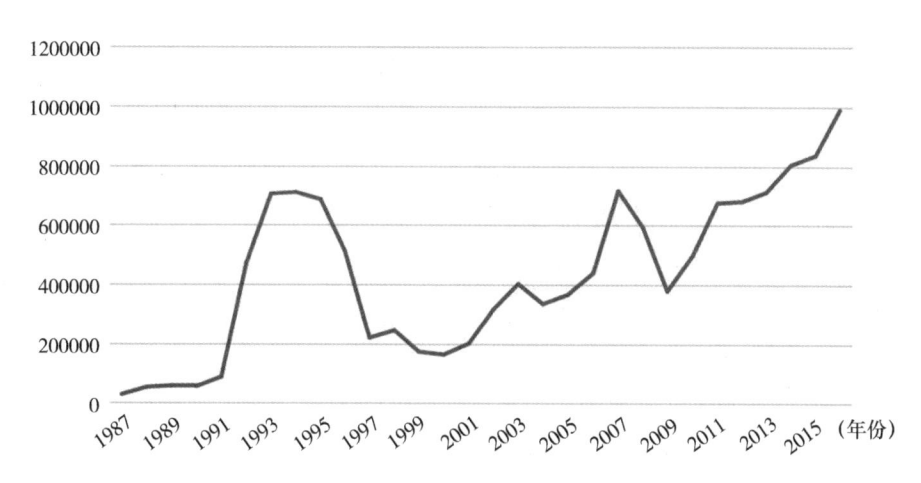

图 6-7　广州历年新增合同外资金额（单位：万美元）

资料来源：综合历年《广州统计年鉴》与《广州市国民经济和社会发展统计公报》。

比签约外商投资项目数量更能反映吸引外商直接投资发展趋势的是签约金额。从图 6-7 中可以看出，从 1978 年到 2016 年，广州新增外资合同总金额曲线有两个高峰和两个低谷。第一高峰是 1993—1994 年，每年新增签约的合同总金额都超过 70 亿美元；第二个高峰是 2007 年，新增签约合同总金额超过 71 亿美元。第一个低谷是 1997—2001 年，受 1998 年亚洲金融风暴影响，广州吸引外商投资签约合同总金额比第一高峰期间有大幅度下降，随着亚洲金融风暴的结束，签约的外商投资总金额逐步回升；第二次低谷是 2009 年，受 2008 年国际金融危机影响，2009 年广州吸引外商投资签约总金额掉到 40 亿美元以下。随着国际金融危机影响的消退，2010 年开始，广州新增签约的外商投资总金额逐步回升，2013 年已经超过金融危机前的水平，2016 年更是达到 99 亿美元的新高。

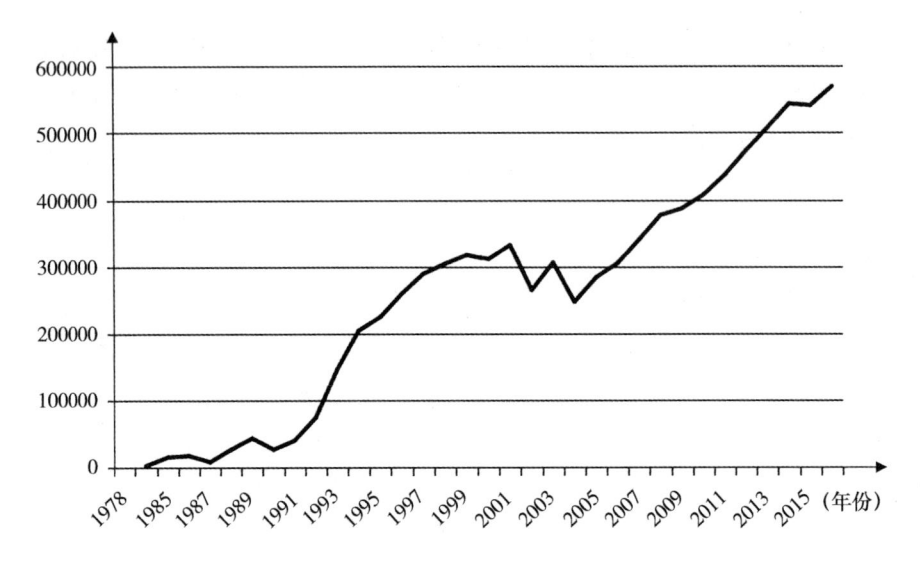

图 6-8 广州历年新增实际使用外商直接投资金额（单位：万美元）

资料来源：综合历年《广州统计年鉴》与《广州市国民经济和社会发展统计公报》。

最能反映广州吸引外商投资绩效的是每年新增实际使用外资投资金额数据（见图6-8）。1978年广州签订了2份外商投资合同，合同金额仅为53万美元，实际利用外资为零；情况很快发生好转，1980年广州吸引外商投资项目就出现井喷现象，外商投资项目数超过1000个，实际使用外资总金额3000多万美元。

在吸引外商投资的初级阶段，每个项目平均投资额都比较小。例如，到1998年前的外商投资项目，平均实际投资额不足30万美元。越往后发展，单个项目的实际投资金额越大。例如，2016年新签外商投资1757个，合同金额达99.01亿美元，实际使用外资金额57.01亿美元，平均每个项目实际使用外资金额超过300万美元。

从1978—2016年每年新增签约投资项目数量角度看，出现过两次项目数量低谷，但实际使用外商投资金额并没有出现明显的低谷，反而呈现不断上升的趋势，其原因是平均单个项目的投资金额在不断扩大。这使得广州吸引外商投资的落地效果不断提升。

二 利用外资结构演化情况

表6-3 广州利用外资行业分布 （单位：个）

产业分类	2005年	2010年	2015年	2016年
农、林、牧、渔业	7	7	6	7
采矿业		1	2	
制造业	620	177	110	90
电力、燃气及水的生产和供应业	2	3	2	2
建筑业	8	10	8	10
交通运输、仓储和邮政业	31	23	21	38
信息传输、计算机服务和软件业	60	52	53	46
批发和零售业	36	404	794	1061
住宿和餐饮业	25	27	41	41
金融业		5	42	96
房地产业	61	36	46	31
租赁和商务服务业	175	192	197	216
科学研究、技术服务和地质勘查业	20	27	74	72
水利、环境和公共设施管理业	5		2	2
居民服务和其他服务业	6	8	11	11
教育	2	2	6	8
卫生、社会保障和社会福利业		1	3	9
文化、体育和娱乐业	3	5	11	17

资料来源：相应年份《广州统计年鉴》。

由表6-3可以看出，在广州吸引的外商投资项目中，最初阶段集中于制造业领域，但随着广州产业结构中服务业比重不断增加，外商投资项目越来越向各类服务业领域集中。由于广州是国际著名的商业中心城市，外商投资项目在批发零售和商务服务业中落户的比例很高。

三 利用外资标志性事件

表6-4　　　　　　　广州利用外资的标志性事件

时间	投资来源地	外资来源企业	投资设立企业	标志意义
1980年	中国香港	香港祥发贸易公司	合资设立广州市白云复印厂	第一家外商投资企业
1984年	中国香港	香港越秀有限公司	大型综合公司	在中国港澳地区投资正式起步
1987年	美国	通用集团	广州花都通用集团有限公司	拓展广州电梯业务
1985年	法国	法国标致汽车	广州标致汽车公司	让中国的南大门广州真正开始原本遥不可及的汽车梦
1988年	美国	宝洁公司	广州宝洁有限公司	宝洁公司在中国成立第一家合资企业
1995年	美国	安利	安利（中国）日用品有限公	总部在广州
1996年	日本	株式会社日立制作所	广州日立电梯有限公司	华南地区最大的电梯生产企业
1998年	日本	日本本田技研工业株式会社	广州本田汽车有限公司	让广州汽车产业上一个台阶
2004年	日本	日本丰田汽车公司	广州丰田汽车有限公司	进一步增加广州汽车产业的实力
2006年	美国	联邦快递	联邦快递的亚太转运中心	增加了白云机场的货物吞吐量
2007年	美国	微软、英特尔、IBM	落户广州科学城	带动广州互联网的发展
2007年	日本	日本JFE钢铁株式会社	南沙开发区合资建设18万吨冷轧项目	改写广东没有大型现代化冷轧生产线的历史
2016年	美国	美国通用电气（GE）	国际生物园项目	成为广州生物制药龙头项目，助推广州打造世界级生命健康产业领军城市
2016年	美国	思科系统国际有限公司	思科中国创新中心总部	大力推进广州国际科技创新枢纽和智慧城市建设
2016年	中国台湾	富士康科技集团	建立10.5代8K显示器全生态产业园区	将显示器新技术带入广州

资料来源：笔者结合相关资料综合整理。

由于吸引了表6-4所列举的著名外商企业，广州产业的国际化水平得到大幅度提升，也为本土企业近距离学习国际先进经营管理经验提供了便利，促进广州产业的转型升级。

四 利用外资战略与政策

改革开放以来，广州适时出台一系列促进引进外资的政策（见表6-5），优化了投资环境，提升了对外资的吸引力，产生了良好的政策效应。

表6-5　　　　　　　广州出台的鼓励利用外资政策

时间	政策名称	主要内容与政策效应
1992年	《关于加快对外开放的意见》	在投资政策、投资导向和投资领域提出30多条措施，当年合同外资超过改革开放初13年总和
1994年	《广州市外商投资企业管理条例》	对外商投资企业的管理，保障外商投资企业及其职工的合法权益，促进外商投资企业发展
1999年	《关于进一步扩大对外开放的若干意见》	实施"外向带动"战略，增创开放新优势，优化外商投资结构，在拓展利用外资的广度和深度等方面提出一些措施
2005年	《关于进一步优化投资环境做好招商引资工作的实施意见》	明确产业导向，促进经济发展模式转型；抓好招商载体建设，推动招商引资区域协调发展；拓宽外资进入渠道，提高利用外资的水平和质量；优化投资环境，建设适宜创业发展的现代化大都市
2011年	《关于进一步促进利用外资工作的实施意见》	拓宽开放领域、推动外商投资形式多元化、推动设立外商投资总部企业等

资料来源：笔者结合相关资料综合整理。

第三节　广州对外投资的演进情况

一　对外投资数量增长情况

与进出口贸易蓬勃发展和外资纷纷抢滩投资广州相比，广州对外投资虽然起步较早，但在最初阶段发展极为缓慢，如图6-9所示。

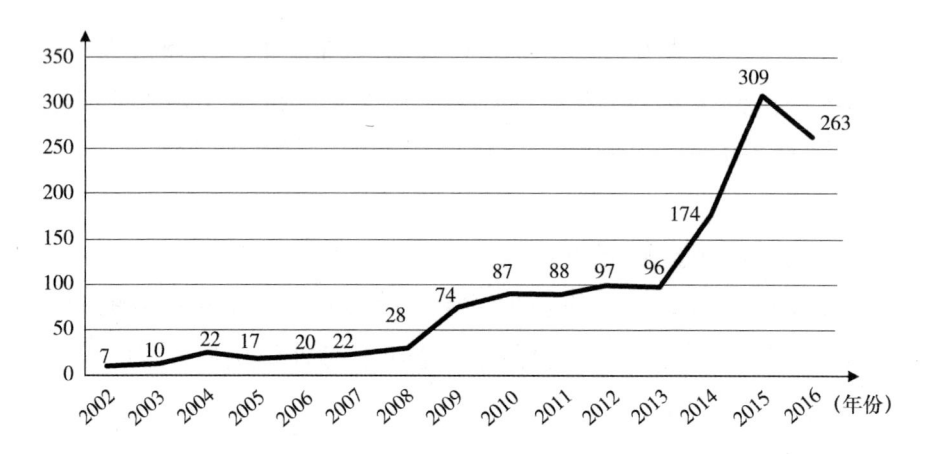

图 6-9　2002 年以来广州对外投资年度增长情况（单位：个）

资料来源：根据 2003—2016 年《广州统计年鉴》数据整理绘制。

虽然 1981 年广州在中国香港设立了第一家境外公司，1984 年又在中国香港设立了第一家大型综合性公司——香港越秀有限公司，标志着广州在中国港澳地区的投资正式起步，但直到 2002 年，年度新增对外投资企业只有 7 家，也是在这一年，《广州统计年鉴》才新设"境外企业情况"栏目。图 6-9 显示，直到 2008 年，广州对外投资一直处于非常初级的阶段，每年新增境外投资企业数没有超过 30 家。

从 2009 年开始，广州对外投资进入快速发展期，每年新增投资企业数超过 70 家。从 2014 年开始，广州每年新增对外投资企业数超过 100 家，2015 年超过 300 家，2016 年稍有回落，但也达到 263 家。

从对外投资实际金额看（见图 6-10），从 2002 年到 2007 年，每年新增投资总额都在 1 亿美元以下；2008 年新增对外投资总额超过 1 亿美元；到 2012 年，新增投资总额超过 4 亿美元。从 2013 年开始，新增对外投资总额突破 15 亿美元，并继续迅猛发展，到 2015 年，年度新增对外投资总额突破 40 亿美元大关。

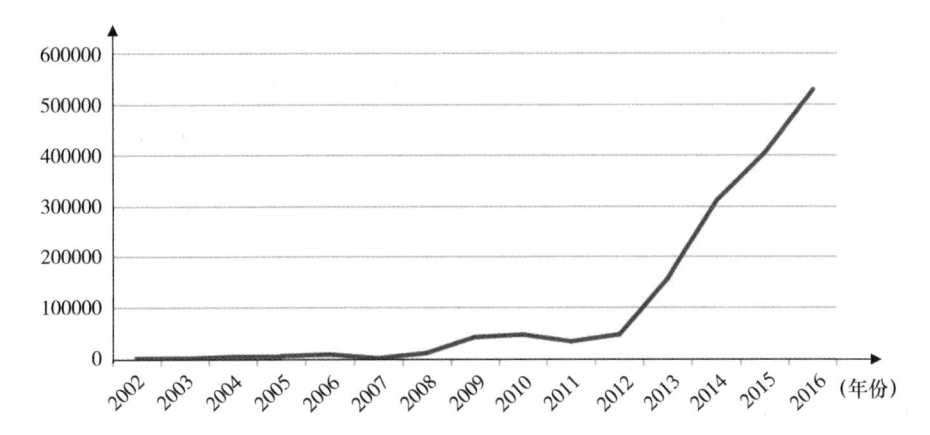

图 6-10　2002 年以来广州年度新增对外投资金额增长情况（单位：万美元）

资料来源：根据 2003—2016 年《广州统计年鉴》数据整理绘制。

二　对外投资的地区分布

从广州对外投资目的地分布看，中国香港一直高居首位，投资项目数远远超出其他国家和地区，如图 6-11 所示。中国香港外的亚洲地区紧随其后。近年来，广州对以美国为代表的

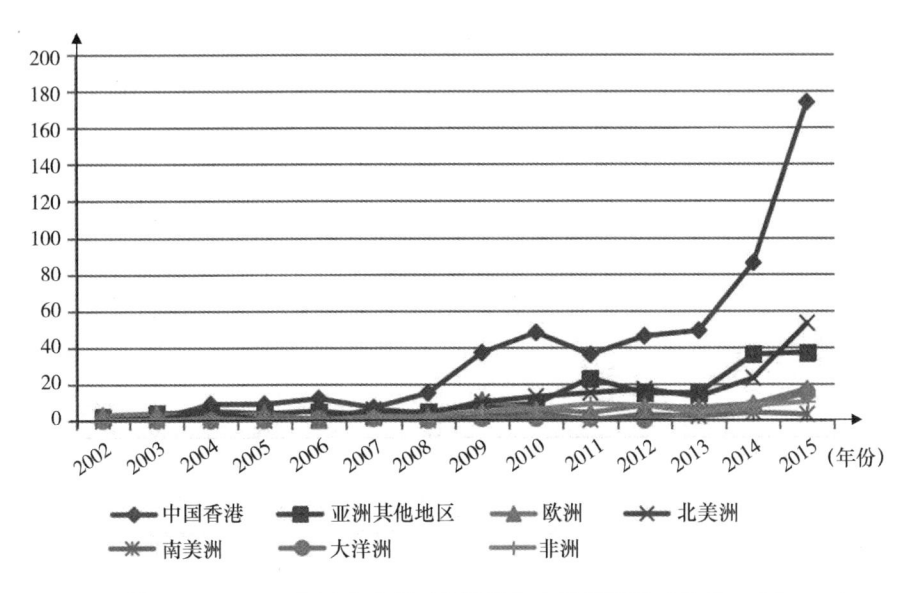

图 6-11　2002 年以来广州对外投资年度增长情况（单位：个）

资料来源：根据相应年份《广州统计年鉴》数据整理绘制。

北美地区投资增长迅速,仅2015年就有53个投资项目,对欧洲的投资项目也有一定程度增长。最新趋势显示,虽然中国香港依然是广州最大的对外投资目的地,但广州在全球范围的投资已经呈现出地理空间多元化的趋势。

三 对外投资与吸引外资项目

图6-12显示,与广州吸引外商投资的"引进来"力度相比,对外投资的"走出去"规模仍然偏小。例如2005年,广州"引进来"1599个项目,"走出去"的只有17个项目,占"引进来"项目总数的1.06%。近年来,"引进来"和"走出去"极端不平衡的情况开始转变。例如2015年,广州新增签约外商投资项目1429个,对外投资项目达309个,占引进项目总数的21.6%。

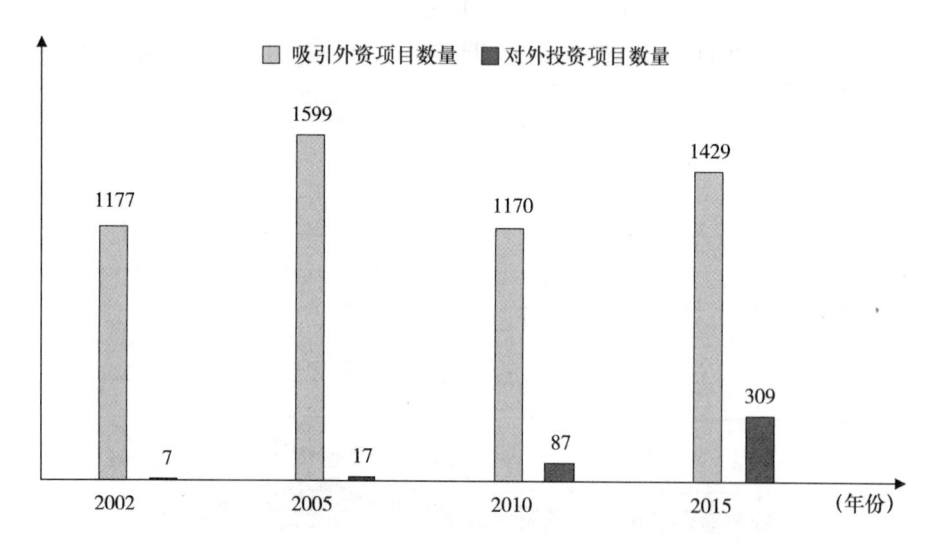

图6-12 代表性年份广州吸引外资和对外投资项目数量比较

资料来源:根据相应年份《广州统计年鉴》与《广州市国民经济和社会发展统计公报》相关数据整理绘制。

第四节 小结

广州积极发展对外贸易，在此基础上大力引进外资，打好基础和练好内功后，再进行资本输出，这一发展路径符合发展中国家城市经济体产业国际化的一般规律。同时，基于独特的资源禀赋和区位优势，广州产业化还有以下特点。

一是对外贸易起到产业国际化的首发引擎作用。广州充分弘扬千年商都的经商传统和毗邻中国港澳的区位优势，发挥广交会作为中国外贸窗口和渠道的作用，出台一系列鼓励对外贸易发展的政策，使其对外贸易在改革开放后得到迅速发展。

二是在扩大利用外资规模的同时不断提升层次。改革开放后，广州出台许多有力政策，积极吸引外商投资广州，外商投资规模迅速扩大；同时，致力于提升利用外资的层次，引进的外资从最初的生产加工型和小型贸易型，逐步发展到吸引世界500强企业设立地区总部，开展本地研发设计和制造，迅速提升广州产业的境内国际化水平。

三是"走出去"成为广州产业国际化的必然趋势。广州吸引的外资规模之大和质量层次之高都已达到非常高级的阶段，但其对外投资不论规模还是层次仍处于刚刚起步阶段。随着建设全球城市步伐的加快，广州将进一步通过发展对外贸易、通过吸引外资和加快对外投资来实现产业国际化，最终将广州打造成为全球重要的资源配置中心。

第七章　影响广州产业演进的主要因素及新变化

影响产业演进的因素多种多样，现有研究较为全面地证明了各因素在产业演进中的作用，既有微观因素，又有宏观因素；既有国内因素，又有国际性因素；既有政府的因素，又有市场的因素。概括起来，引起产业演进的因素主要有：经济总量水平、自然资源、人口因素、投资结构、消费结构、国际贸易、技术进步、经济政策等。同时，这些因素在不同的时间、不同的区域对产业演进的程度有较大的差异。从空间角度看，这些因素对内地中小城市产业演进的影响与对北京、上海、广州这样的超大型城市的影响就有巨大的差异。就广州来说，过去影响其产业发展的因素内部也会发生变化，对产业演进的影响程度也会有变化。

第一节　产业历史演进的影响因素分析

改革开放以来，广州产业发展取得了巨大成就，对广州产业演进影响的因素可以从五个角度分析：一是国际产业分工和产业转移，包括纺织、服装等劳动密集型产业转移，钢铁、石化等工业原料产业转移，汽车、电子信息等产业转移，服务业转移以及发达国家制造业回流等；二是国家战略决策，包括国家改革开放、经济体制改革、区域合作不断加强、产业政策、供给侧结构性改革等;三是广州城市战略,包括城市发展定位、城市空间布局、重点产业发展战略、改善营商环境等;四是劳动力、土地、资本等产业要素结构改变;五是市场需求变化(见图7-1)。

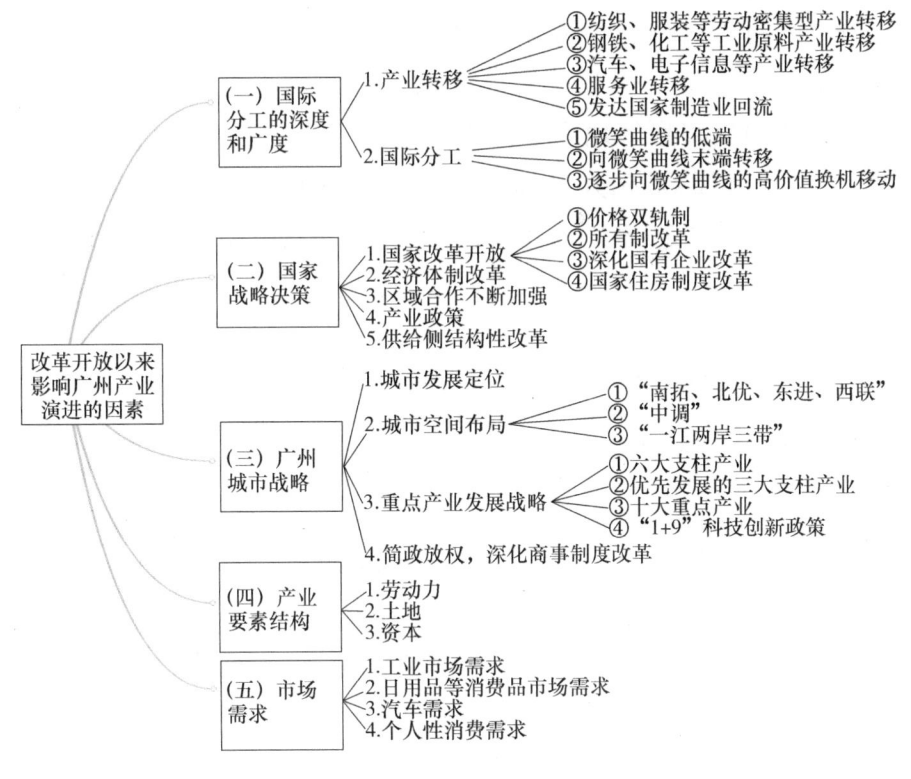

图7-1 影响广州产业历史演进的因素

改革开放以来影响广州产业演进的因素：

(一) 国际分工的深度和广度
1. 产业转移
   ① 纺织、服装等劳动密集型产业转移
   ② 钢铁、化工等工业原料产业转移
   ③ 汽车、电子信息等产业转移
   ④ 服务业转移
   ⑤ 发达国家制造业回流
2. 国际分工
   ① 微笑曲线的低端
   ② 向微笑曲线末端转移
   ③ 逐步向微笑曲线的高价值换机移动

(二) 国家战略决策
1. 国家改革开放
   ① 价格双轨制
   ② 所有制改革
   ③ 深化国有企业改革
   ④ 国家住房制度改革
2. 经济体制改革
3. 区域合作不断加强
4. 产业政策
5. 供给侧结构性改革

(三) 广州城市战略
1. 城市发展定位
2. 城市空间布局
   ① "南拓、北优、东进、西联"
   ② "中调"
   ③ "一江两岸三带"
3. 重点产业发展战略
   ① 六大支柱产业
   ② 优先发展的三大支柱产业
   ③ 十大重点产业
   ④ "1+9"科技创新政策
4. 简政放权,深化商事制度改革

(四) 产业要素结构
1. 劳动力
2. 土地
3. 资本

(五) 市场需求
1. 工业市场需求
2. 日用品等消费品市场需求
3. 汽车需求
4. 个人性消费需求

一 全球经济形势

国际分工是世界各国(地区)之间的分工,是各国生产者通过世界市场形成的劳动联系,是国际贸易和各国(地区)经济关系的基础,是生产社会化、全球化的趋势。20世纪80年代以来,国际分工在广度和深度上进一步扩大。从广度上看,参与国际分工的国家和地区已经遍布全球各地;从深度来看,世界分工越来越复杂,过去单一的纵向分工已经演变成各种纵向、横向和混合形式的分工并存的新格局。另外,国际分工的形态也呈现出多样化,不仅有生产资源型分工,而且生产工序型和零部件生产专业化型分工日益增多。2001年12月,中国正式成为世界贸易组织成员。加入世界贸易组织后,中国进一步开放市场,实行国民待遇和增加政策透明度,创造更加宽松、透明、稳定的环境,为广州产业发展提供巨大机遇。这一方面有利于促进广州市更多更好地吸收国外的资金、先进技术和管理经验;另一方面,有助于充分发挥我国的比较优势,使广州产业更好地"引进来""走出去",更加有效地参与国际竞争,不断提升产业国际化水平(见图7-2)。

时期	国际形势	中国	广州
20世纪80年代至21世纪初	国际分工进一步扩大	加入世贸进一步开放市场	吸引国外先进经验,提高产业竞争力
20世纪70年代	产业转移	进行结构升级	重工业快速发展
20世纪90年代	第三次科技革命	实行改革开放	产业结构调整
21世纪初	发达国家产业战略性转移至发展中国家	高消耗和高排放的产业比重扩大	广州重化工业加速发展

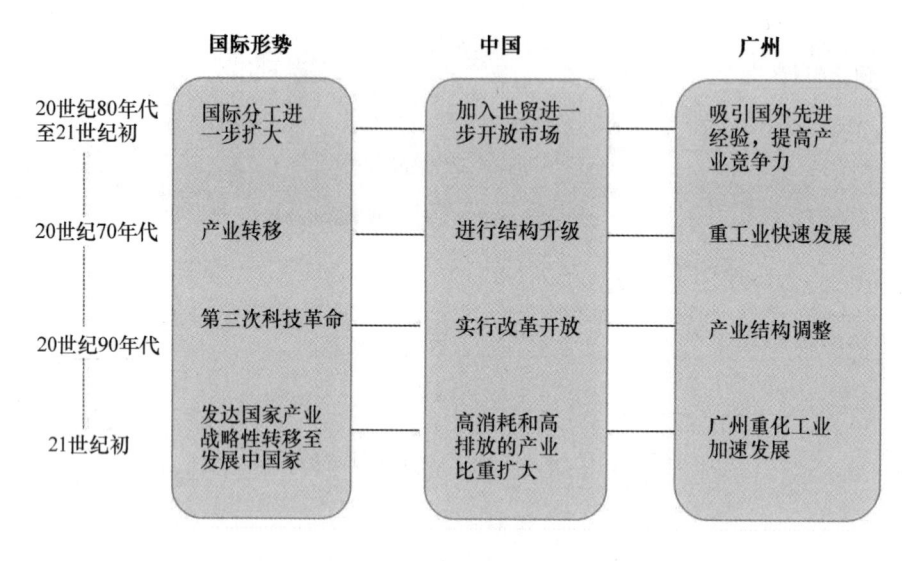

图7-2 全球经济形势对广州产业历史演进的影响

产业转移推动产业结构升级。20世纪70年代,世界产生第三次国际产业转移。当时,作为世界主要制造大国的日本,为了应对世界石油危机和日元汇率升值的影响,选择投资国际产业来调整国内产业结构。20世纪70年代初,转移产业主要是劳动密集型的纺织服装和纺织工业等,转移的主要目的地是亚洲的"四小龙"。随着亚洲"四小龙"的发展,这些产业转向中国和东盟。亚洲"四小龙"在承接日本转移出来的高附加值的资金密集型和技术密集型产业之后,随之又将原本劳动密集型、低附加值的简单加工制造业向包括广州在内的亚洲其他地区转移,以便腾出更多土地和空间。初期的产业转移也促使广州市纺织、服装、塑料制品、家具、家电等轻工业和钢铁、造船、汽车等重工业快速发展起来。

20世纪90年代,世界经历了第三次科技革命。科学技术高度发达,许多发达国家进入后工业社会、信息社会。我国的改革开放政策,使地处改革开放前沿、毗邻中国港澳的广州能够发挥区位优势和政策优势,接受国际产业结构调整与向外转移的资金、技术,特别是接受中国港澳向外转移的资金、技术来发展工业。20世纪90年代末,受亚洲金融危机影响,东南亚国家经济受到重大打击。由于我国经济金融环境的稳定,我国特别是广州等东部沿海地区成为替代东南亚国家接受发达国家投资的主要承接地。产业结构的演变必然是从传统工业阶段起步,加速发展第一、第二产业,同时加速发展第三产业、信息产业,必然会出现二、三产业并重期。

21世纪初,欧美发达国家为降低成本,满足市场需求,开始对本国产业进行战略性转移。随着《京都议定书》的生效,发达国家(美国除外)为履行减少温室气体排放的义务,同时受本国资源与环境承载能力的约束,逐渐将高消耗和高排放的产业或生产环节向发展中国家转移。这一阶段,广州确立了汽车制造业、电子产品制造业和石油化工制造业三大支柱产业,同时借助土地和劳动力成本优势,为国外相关产业的转移提供了有利的环境,传统重化工业开始转移到珠三角、广州,促使这一阶段广州重化工业加速发展,比重不断扩大。

近几年来,制造业的价值被重新发现,发达国家开启实施制造业回归措施,欧美发达国家回归实体经济趋势明显。与此同时，国际贸易保护主义不断加剧，全球经贸多边机制缺乏效率，各类区域性的贸易投资协定碎片化，欧美移民、投资、监管等方面的政策朝着去全球化的方向发展。这样的国际政治经济环境，使得广州产业一方面更加努力注重核心技术和品牌建设，提高产品国际竞争力；另一方面，更加注重开拓内需市场。这一阶段，广州对海外市场的依赖程度不断降低，内外市场结构更趋优化。

二　国家宏观战略

（一）大力推动改革开放

1978年以后，国家先后制订了第六、第七个五年计划，基本确立建设中国特色新型社会主义经济体制的总体经济发展战略，以及"对内搞活经济，对外实行开放"的总体方针。对内搞活经济的国家战略，有效推动了广州产业经济的发展，尤其支撑和加速了广州以贸易、批发零售业为主的第三产业发展。同时，对外实行开放的国策也帮助广州吸引了大批海外投资，外资设厂和三资工厂在广州遍地开花，以轻工业为主的制造业随即蓬勃发展。

（二）推进经济体制改革

1992年邓小平同志的南方谈话，实现了理论上的创新和突破，提出"保持国民经济持续、快速、健康发展"的战略要求，党的十四大做出了建立社会主义市场经济体制的战略决策。1993年，广州市颁布《关于加快个体和私营经济发展的决定》，在全国率先探索和推进非公有制经济的发展。这为广州经济发展和产业升级提供了体制和政策保障，产业结构不断向高级化发展，全面建立市场经济体系框架，初步实现与世界接轨。到20世纪90年代末，以公有制为主体、多种经济成分共同发展的多元化所有制格局基本形成。1997年，工业总产值中，国有及国有控股和集体经济的比重为51.83%；各种联营、三资、个体等其他类型工业的比重由1992年的34.98%上升至48.17%。

(三) 深化国企改革

在改革开放40年的时间里，国企改革先后经历了扩大企业经营自主权、建立现代企业制度、战略性改组等阶段。1999年9月，中共中央十五届四中全会又通过《中共中央关于国有企业改革和发展若干重大问题的决定》，提出积极推行"抓大放小"战略，发展大型企业和企业集团，放开搞活中小企业。我国不断探索建立现代企业制度，理顺产权关系，实行政企分开，落实企业自主权，试行工资总额与经济效益挂钩，改革企业领导体制、分配制度、资产管理体制，增强企业活力。广州市根据国家的政策措施积极推进国有企业改革，组建了企业集团，推进国有企业体制机制改革，广汽集团、广钢集团、广州无线电集团等市属国有企业竞争力有了明显提高。

(四) 实施国家住房制度改革

1998年，国务院发布《关于进一步深化社会城镇住房制度改革，加快住房建设的通知》。住房制度的改革，使得民众必须通过市场购买的方式拥有住房，促进了房地产市场发展，房地产业逐渐发展成为我国最主要的产业之一。广州作为我国最早推行住房分配货币化的中心城市之一，房地产业在这个阶段得到快速发展。

(五) 加强区域合作

21世纪初，在经济全球化、区域经济一体化的世界经济发展趋势下，国家不断加强区域合作，中国—东盟（10+1）自由贸易区的推进、CEPA协议的实施等，给广州产业结构升级提供了更大的发展空间。粤港澳"大珠三角"整合成功和优势互补以及泛珠三角概念的提出和实施，对广州则意味着可以获得更广阔和深远的经济发展腹地，在转移低附加值产业的同时，通过"腾笼换鸟"，为承接高档次的产业转移腾出空间，产业结构和布局都在加速升级。

(六) 产业政策促进产业结构调整

近年来，随着国家关于加快推进服务业发展一系列政策的出台，加快发展服务业特别是大城市服务业的政策导向进一步明确，并制定了促进体制改革创新的政策框架，提出以广州、深圳为中心，打造服务业集聚区和产业带。这些政策措施包括广州市制定的配套政策，为推动现广州现代服务业功能区发展创造更为有利的制度环境。《珠江三角洲地区改革发展规划纲要（2008—2020年）》的实施，以及《粤港合作框架协议》《粤澳合作框架协议》的签署，推动了以广州为龙头的珠三角地区服务业的同城化、一体化发展。

(七) 供给侧结构性改革促进产业转型升级

2013年以来，我国经济发展进入新常态。为此，国家提出深化供给侧结构性改革，促进经济转型升级，通过"三去一降一补"、振兴实体经济，提升发展的质量和效益。深入实施创新驱动发展战略，不断推进"大众创业，万众创新"，激发经济发展活力，增强经济发展后劲，实现新旧动能有序转换。在国家经济发展的大背景下，广州经济增速明显放缓，经济发展由要素驱动向创新驱动转变，产业发展向"三高"（高端、高质、高新）产业迈进。在发展新动能的接力中，广州出台"IAB"计划，加紧布局广州战略性新兴产业，为产业转型升级培育新动力。

三 广州城市战略（见图7-3）

(一) 明确城市发展定位

1984年，广州报请国务院审定批准了《广州城市发展总体规划1981—2000》。在总体规划中，广州进一步清晰带状组团式布局，并明确了组团分工不局限于工业用地。这次规划使得广州地域结构有了历史性的变革，指导了城市空间有序发展，促进了经济增长与二、三产业的协调发展。它突出了广州南中国

第七章 影响广州产业演进的主要因素及新变化

```
广州城市战略 ──┬── 明确城市发展定位 —— ·1984年,规划广州带状组团式布局;
              │                      ·2008年,建设珠江三角洲现代产业核心区。
              │
              ├── 城市空间优化 —— ·2000年,"南拓、北优、东进、西联",城市结构
              │                   应以网络化、组团化的方式推进;
              │                  ·2008年,中心城区"退二进三"和"腾笼换鸟";
              │                  ·巩固中心城区高端服务功能。
              │
              ├── 重点产业发展战略 —— ·"十五"时期,重点发展电子信息、汽车、石油
              │                      化工三大支柱产业,同时改造升级传统优势行业;
              │                     ·2015年,推出创新驱动"1+9"系列政策,加强
              │                      知识产权保护,扶持企业创新;
              │                     ·2016年,鼓励金融创新,组建各类金融产业联盟。
              │
              └── 优化营商环境 —— ·推行国际贸易"单一窗口"和口岸"三互"机制;
                                 ·推行工商登记"三证合一、一照一码";
                                 ·2014年起,实现办公司"零首付";
                                 ·全面推开营改增等。
```

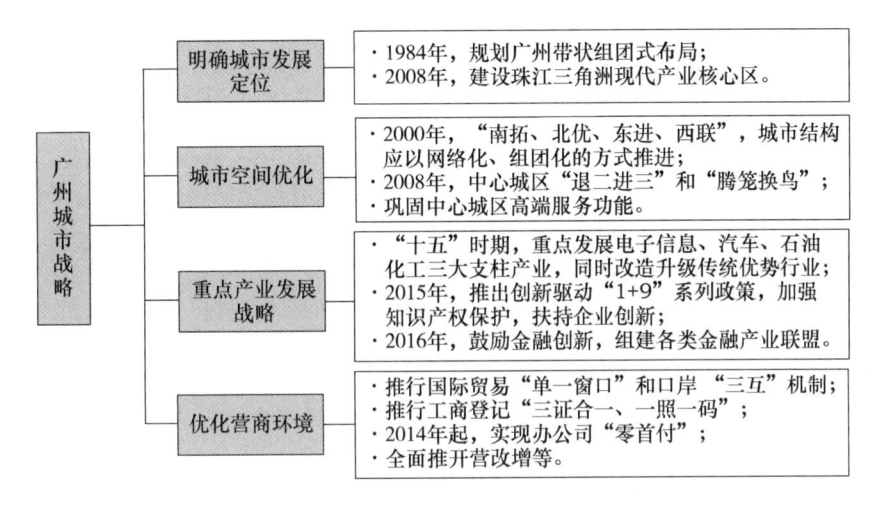

图 7-3 城市战略对广州产业历史演进的影响

工业重镇与改革开放商贸枢纽的城市战略定位,并实施了一系列放活企业、促进流通与资源有效配置的体制改革,有效引导和推动了市场机制的建立,也为广州轻工业发展、承接中国港台地产业转移、面向国内市场的商贸流通业发展提供了强有力的政策支撑。2008 年,《珠江三角洲地区改革发展规划纲要》赋予广州国家中心城市的战略地位,实施该规划纲要和加快建设珠江三角洲现代产业核心区,以及推进广佛同城化和广佛肇经济圈产业协作,这为巩固广州三大支柱产业的发展提供了广阔的产业发展空间。广州城市发展定位与城市战略对其产业增长产生强有力的引导力和支撑作用。

(二)城市空间优化

2000 年,广州开始实施《广州城市发展总体战略规划》,按照"东进西联、南拓北优"的城市空间发展理念和布局理念,城市结构应以网络化、组团化的方式推进。在东部地区,中心商务区的建设带动了城市重心东扩,把老城区的工业转移到黄埔到新塘一线;大力发展广州开发区,形成东部密集的工业开发区。西部地区着力加强广佛联动协调发展,加快广佛都市圈建设。依托南部地区的发展空间,将城市拉开建设,开辟新的城区,发展新

的工业基地,建设临港工业区和物流产业区。北部地区在落实"机场控制区"规划前提下,发展临空经济区,建设客流中心和物流中心。2008年,在延续广州原有"南拓、北优、东进、西联"的城市发展战略下,这一阶段提出"中调"。中心城区"退二进三"和"腾笼换鸟"的实施,有力地推动中央商务、高端商业、创意产业、文化旅游类集聚区,巩固中心城区的金融控制、总部经济、信息中心等高端服务功能。城市空间战略的实施,引导广州产业有序布局,形成自中心城区向东南延伸的产业集聚带,也为当今产业空间布局奠定了基础。

(三) 重点产业发展战略

"九五"开局,广州就提出要重点发展高科技制造业(汽车、电子产品、家电产品、精细化工、医药、日常生活用品)、金融保险业、交通运输业、商品流通业、旅游服务业、建筑与房地产业六大支柱产业;1998年,广州市提出新的"六大支柱产业"和现阶段优先发展的三大支柱产业,即"加快建设和重点发展电子信息业、交通运输及其设备制造业、建筑与房地产、金融保险业、商贸旅游业、石油化工业六大支柱产业;现阶段优先发展电子信息业、汽车制造业、建筑与房地产业,促进支柱产业不断优化升级"。到了"十五"时期,广州基本形成共识,重点发展电子信息、汽车、石油化工三大支柱产业,同时改造升级电器机械、造船、钢铁、造纸等传统优势行业。2015年,广州推出创新驱动"1+9"系列政策,实施财政科技投入和孵化器双位增计划,推进知识产权示范和枢纽城市建设,支持设立广州知识产权法院,加强知识产权保护,设立科技中小企业信贷风险补偿资金池,扶持企业创新。2016年,广州市出台《广州市建设现代金融服务体系三年行动计划(2016—2018年)》,组建各类金融产业联盟,通过成立科技金融产业联盟、互联网金融产业联盟、文化金融产业联盟等举措鼓励金融创新。从2011年到2016年,广州金融业增加值增长133%,高居国内各大城市之首。2016年，实现金融业增加值1800亿元，超越房地产业，成为全市产值第五大支柱产业。

(四) 优化营商环境

近年来，广州市大力简政放权，调整行政审批备案事项，全部取消非行政许可审批事项，优化审批流程，推行国际贸易"单一窗口"和口岸"三互"机制，探索企业投资"三单"管理。深化商事制度改革，推行工商登记"三证合一、一照一码"，推进市场监管体系和社会信用体系建设，加强事中事后监管。从2014年开始，在全市范围实施商事登记制度改革，实现了办公司"零首付"。此外，广州已陆续推出企业名称自主申报、"容缺登记"、商事主体登记"全程电子化"、工商登记全城通办等一系列制度，全面推开营改增，降成本，为企业打造良好的营商环境，活跃市场主体。广州连续3次荣登福布斯中国大陆最佳商业城市榜首。

四 产业要素结构

产业要素结构是指构成产业生产力的最基本单元，即产业生产力实体性因素的结构。研究表明，改革开放40年来，对广州产业结构调整产生重要影响的产业要素，包括劳动力数量的增长、土地的供应、物质资本不断丰富等（见图7-4）。

(一) 劳动力数量不断增长

劳动力是经济活动的主体，对经济增长具有直接的、重要的作用，适度的人口增长，可以为经济增长提供充足的劳动力资源。改革开放以来，广州作为改革开放试验区——珠三角经济圈的最大城市，外来投资和个体私营经济的发展、国有企业改革均先于全国，对国内各地人口形成非常大的吸引力，也为外来人口的居留提供了相对宽松的生存和发展空间，使外来人口及劳动力大量流入，广州的劳动力总量不断增长。根据人口普查资料，1982年广州市有产业工人111.1万人，1990年达到

```
产业要素结构 ─┬─ 劳动力数量的增长 ── 1982年广州市有产业工人111.1万
              │                      人，1990年达到114.9万人，2000
              │                      年为207.6万人
              │
              ├─ 土地的供应 ──────── 1997年，广州市国有土地使用权开
              │                      始招标，为房地产带来新机遇；
              │                      2001年，落实国家政策，促进了广
              │                      州中心城区及近郊区大量传统工业
              │                      园区的搬迁及产业的转移
              │
              └─ 物质资本不断丰富 ── 改革开放以来，引进国际资本、先
                                    进技术和管理经验，形成外向型经
                                    济的明显优势，推动广州产业的快
                                    速发展
```

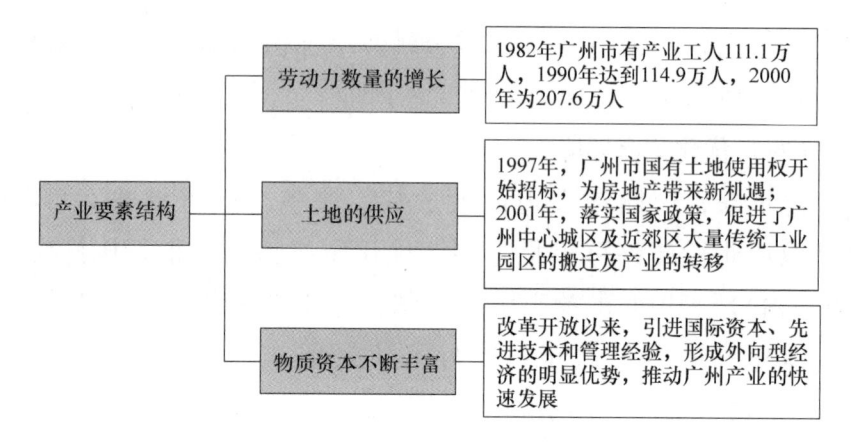

图7-4 产业要素结构对广州产业历史演进的影响

114.9万人，2000年为207.6万人。从人数上看，产业劳动力是在不断增加，特别是1990—2000年间，增长的幅度非常大。劳动力的大量增长，为广州市的产业发展贡献了大量份额，体现了广州这一时期"高投入、高增长"的粗放式增长的特点。目前来看，虽然广州已形成"三二一"的就业格局，但产业发展仍然在很大程度上依靠大量劳动力的投入；而近年来，国家对贸易政策的调整在很大程度影响了出口收益，劳动力成本一直呈现上升的态势，使得占经济增长很大比重的外贸产业劳动力供给效率不高。另外，产业内部结构有待优化调整，如第三产业，劳动力多集中在批发、零售、餐饮等劳动力知识技能要求不高和附加值低的行业；而类似金融保险等附加值高的行业，对就业的吸纳量不大，造成劳动力在产业内部具体配置不够合理，一定程度上造成投入的浪费。

(二) 土地的供应不断增长

1997年6月28日，广州市人民政府颁布了《广州市闲置土地处理办法》，通过加大力度清理闲置土地，有效地规范了建设用地管理行为，盘活了土地资源，促进了土地供应市场的健康发展。1997年8月，广州市国有土地使用权开始招标。土地使用权政策的变革，为广州产业尤其是房地产业发展带来新的机

遇。国家积极加强国有土地管理，规范园区发展，有助于促进广州产业升级。2001年，国家出台《关于加强国有土地资产管理的通知》，经过广州的严格落实，促进广州中心城区及近郊区大量传统工业园区的搬迁及产业转移，也在某种程度上保障了广州开发区的快速规范化发展。

（三）资本积累不断增多

改革开放以来，广州市通过引进国际资本、先进技术和管理经验，形成外向型经济的明显优势，推动了广州产业的持续快速发展。广州资本市场的发展在国内起步较早，20世纪80年代初，民间就开始有自发性的证券融资活动。在20世纪80年代中期以前，主要的形式是在企业内部向职工发行股票和债券进行筹资，通过职工参股来筹集扩大再生产所需要的资金。由于在企业内部发行股票和债券的回报率较高，推动社会形成了一股集资热潮。20世纪80年代中期以后，随着地方政府和金融管理机构的介入，对无序的企业内部证券发行活动进行整顿，纳入规范管理，广州资本市场逐渐走上有管理、有监控的发展道路。1985年，广州市政府颁布了《广州市企业股票、债券管理试行办法》，规定股份制企业发行股票、债券必须经中国人民银行审批，非股份制企业不得发行股票，企业发行债券总额不能超过其自有资产净值，并对股利和债券利率都做了限定，这标志着已将直接融资活动纳入法制化、规范化的轨道。1995—2001年，资本形成对广州经济增长的贡献率在波动中下降，1995年为33.58%，拉动经济增长5.52个百分点；2001年为19.13%，拉动经济增长2.44个百分点，平均贡献率为20.35%。1998年的贡献最高，贡献率为55.38%，拉动经济增长7.27个百分点。其中，外资是1990年以来广州产业增长的主要资本驱动因素。1993—2006年，累计全年固定资产投资中，有24.34%来自中国港澳台商和外商投资。

五 消费需求变化

需求结构的升级导致广州产业结构不断调整优化。20世纪八九十年代，出口需求不断增长，导致外向型经济快速发展和广州产业国际化进程加快。同时，物质消费为主的需求结构形成广州二、三产业此消彼长的发展态势。一般来说，人均收入在2500—5000美元，居民对物质产品的需求仍然大于对服务的需求。国内市场对第二产业的需求旺盛，对第二产业的较快发展起着极大的促进作用，反之，则制约着第三产业比重的提高。1990年，广州市人均国内生产总值按汇率折算只有1138美元，还不到中国香港地区、新加坡的十分之一，全国人均GDP仅有347美元。即使到了1997年，广州市人均GDP为3007美元，全国人均GDP也只有782美元。广州作为中国南大门的区位优势和改革开放前沿的政策红利，以市场为取向的改革走在中国大城市的最前列，国内旺盛的物质产品消费需求，广阔的第二产业产品消费市场，以及开放初期以中国港澳台地区为桥梁、面向全球的国际市场对工业制成品的需求还在不断扩大，加上广州市良好的商贸业产业发展传统，形成这一阶段广州市二、三产业的消长频繁，二、三产业并重的产业发展特点（见图7-5）。

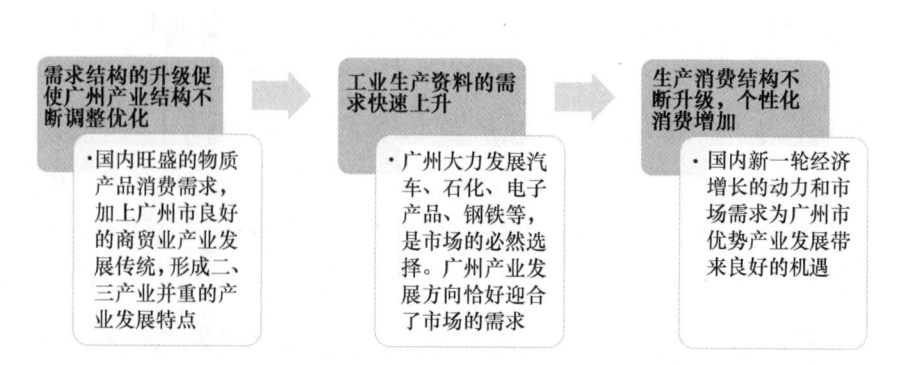

图7-5 消费需求变化对广州产业历史演进的影响

20世纪90年代末到21世纪初,由于工业快速发展,我国对工业生产资料的需求快速上升。从国内产业需求来看,2000年左右,我国城市化进程加快、消费结构升级,需要一批特大型冶金、石化和原材料等重化工业产业和消费产业(如汽车)加速发展。广州地处的珠三角地区,是国内工业化、城市化水平较高,经济最具活力的地区之一,但石化、钢铁等基础工业相对薄弱,工业原材料、机械设备等严重依赖进口和从我国北部或其他地区远距离买入,汽车等新兴消费产业发展严重不足。广州作为珠三角地区、华南地区的龙头城市,辐射范围广,工业门类最为齐全,产业基础较好,大力发展汽车、石化、电子产品、钢铁等是市场的必然选择。广州产业发展方向也恰好迎合了市场的需求。

生活消费结构不断升级,个性化消费增加。2000年以来,随着居民收入较快增加,特别是国家大力实施扩大内需战略,促使消费结构不断升级。由此,消费升级需要一批特大型冶金、石化和原材料等重化工业产业和消费产业(如汽车)支撑发展,而广州正是在汽车、石化、钢铁等产业上具备相对的规模和优势。国内新一轮经济增长的动力和市场需求为广州市优势产业发展带来良好的机遇,支柱产业的地位在消费结构升级的影响下进一步巩固。

第二节 产业发展影响因素的新变化

通过对广州产业发展历史过程的梳理和分析,我们了解到,改革开放以来,广州产业发展呈现结构不断调整、向高端化不断提升的趋势。分析也显示,影响产业发展的因素是多元的,其中一些因素对产业结构变化起主导作用,且在不同阶段,影响产业发展的因素组合存在差异,主导因素随发展阶段的不同而发生变化。从长远来看,这些因素依然会起作用,只是在新的时期会有不同的变化。综合起来考虑,影响产业发展的因素可以归纳为全球形势、国家战略、广州城市决策、产业要素投入和市场需求五个维度。接下来，我们将从这五个维度分析影响广州未来产业发展的因素（见图7-6）。

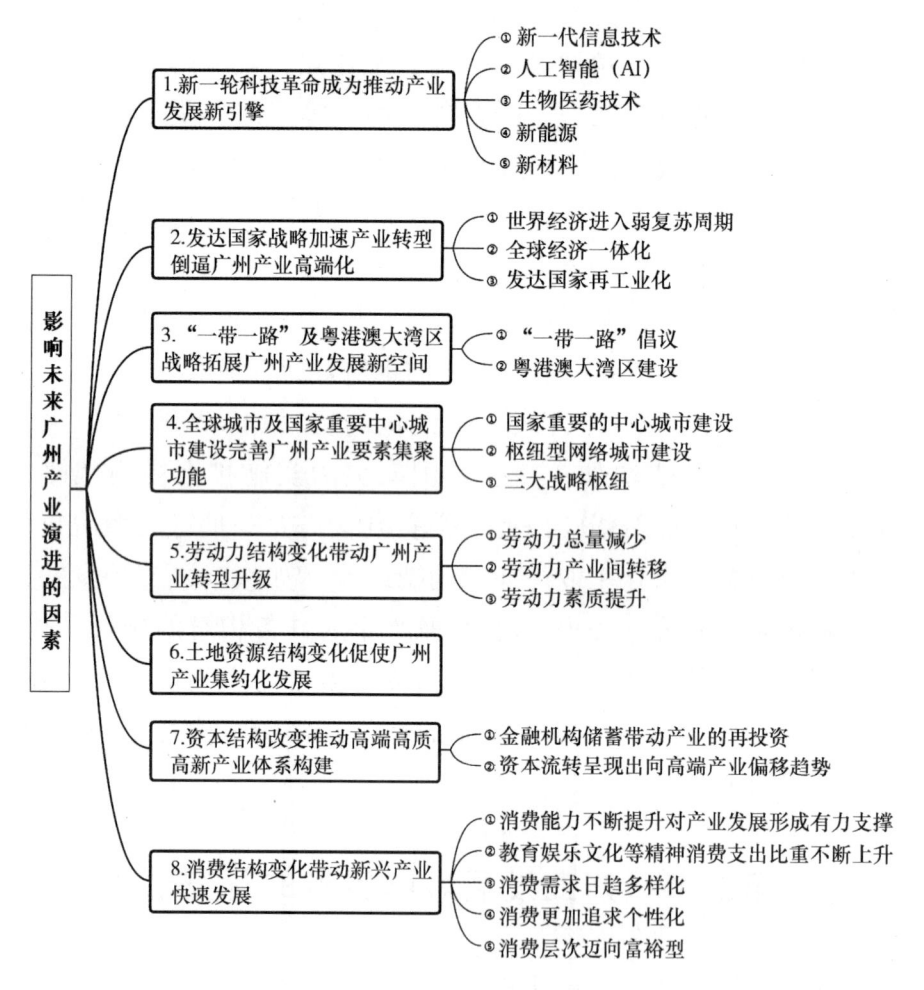

```
影响未来广州产业演进的因素
├─ 1.新一轮科技革命成为推动产业发展新引擎
│   ①新一代信息技术
│   ②人工智能（AI）
│   ③生物医药技术
│   ④新能源
│   ⑤新材料
├─ 2.发达国家战略加速产业转型倒逼广州产业高端化
│   ①世界经济进入弱复苏周期
│   ②全球经济一体化
│   ③发达国家再工业化
├─ 3."一带一路"及粤港澳大湾区战略拓展广州产业发展新空间
│   ①"一带一路"倡议
│   ②粤港澳大湾区建设
├─ 4.全球城市及国家重要中心城市建设完善广州产业要素集聚功能
│   ①国家重要的中心城市建设
│   ②枢纽型网络城市建设
│   ③三大战略枢纽
├─ 5.劳动力结构变化带动广州产业转型升级
│   ①劳动力总量减少
│   ②劳动力产业间转移
│   ③劳动力素质提升
├─ 6.土地资源结构变化促使广州产业集约化发展
├─ 7.资本结构改变推动高端高质高新产业体系构建
│   ①金融机构储蓄带动产业的再投资
│   ②资本流转呈现出向高端产业偏移趋势
└─ 8.消费结构变化带动新兴产业快速发展
    ①消费能力不断提升对产业发展形成有力支撑
    ②教育娱乐文化等精神消费支出比重不断上升
    ③消费需求日趋多样化
    ④消费更加追求个性化
    ⑤消费层次迈向富裕型
```

图7-6 影响未来广州产业演进的因素

一 新一轮科技革命成为推动产业发展新引擎

科技革命促进世界性的产业结构大调整，使整个经济结构发生重大变化。目前，新一轮技术革命下的技术发展进入了一个新时期。新技术在不同时期的应用、多种因素影响下的全球经济发展走势、发达国家产业发展策略的调整等在广州产业发展演变、推动产业结构调整主动适应全球经济发展中扮演着重要的作用。当前及未来一段时间,新一轮科技革命爆发,全球一体化不断加剧,经济周期正在进入新旧动力转换期及发达国家"再工业化"战略等又将推动广州产业转型升级,开启新一轮的产业发展战略调整。

根据技术—产业转化规律,一方面,在新一轮科技革命的影响下,新技术的发展应用于广州传统产业领域,"互联网技术""AI"等新兴技术的发展,将进一步激发生产消费模式、服务模式、商业模式的创新,带动传统产业的技术革新,产生新的发展路径。另一方面,新技术发展也将催生适应广州发展的若干个新兴产业,为广州产业充分利用各种内外部资源提供基础,并产生大量融合性新业务、创新性商业模式、混业经营新业态,推动广州产业结构的高端化调整。同时,"互联网技术""AI"等新兴技术的发展,成为产业跨界与融合、产业转型升级新的影响因素。信息技术、生物技术、新能源技术、新材料技术、节能环保技术、智能制造技术、航天技术、海洋开发技术,逐步占领各个领域的领先地位(见图7-7)。

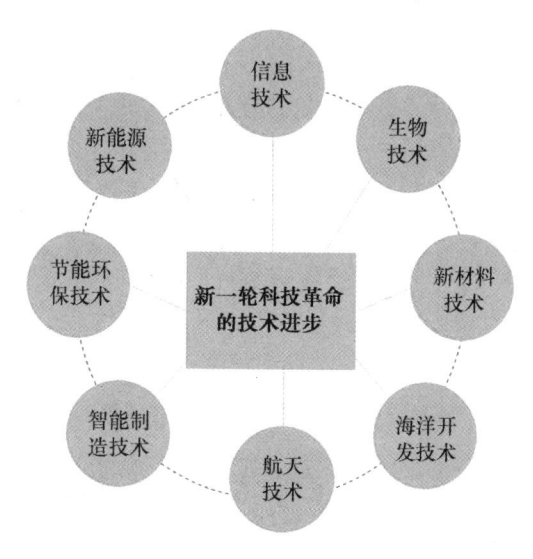

图7-7 新一轮科技革命成为推动广州产业发展新引擎

二 发达国家战略加速产业转型倒逼广州产业高端化

国家产业战略的调整是一国产业发展方向的重要导向，在相当长时期内影响国家产业转型和结构调整。面对世界新科技革命和产业革命又进入一个新的历史性突破关头，发达国家纷纷抢占产业竞争制高点。为了摆脱国际金融危机而进行的科技和产业革命，美国实施"先进制造业"发展战略，德国大力推进"工业4.0战略"，英国实施"高价值制造"战略，这些战略总结起来就是"再工业化"。

发达国家"再工业化"倒逼未来广州产业必须转型升级，迫使广州制造业总体发展战略必须从基于要素的低成本战略转向基于创新的差异化战略，推动广州先进制造业的发展。它会催生新的制造系统和生产设备产业的发展，而这些产业的发展又会带动信息产业、新材料产业等新的产业门类的出现和增长，从而为广州战略性新兴产业的培育和发展创造很好的机会。"再工业化"并非简单的制造业回归，同样会催生新的需求。制造业和服务业深度融合的趋势，使得二、三产业的界限日趋模糊化。广州在发展先进制造业的基础上，也在不断增强制造业与服务业的融合趋势，让服务业走向高端化发展。与此同时，当前国际分工依然是发达国家主导，"再工业化"战略将使国际分工进一步演化。这一轮产业分工的变化，将对广州产业的高端和低端环节产生重要影响。在高端环节，广州产业发展必须面临产业自主创新的发展、新技术的研发等；在低端环节，发达国家低端环节的高端化发展，将会迫使广州产业链进行深度调整。

三 "一带一路"及粤港澳大湾区战略拓展广州产业发展新空间

国家全力推动"一带一路"倡议，为广州产业发展拓展了新空间。"一带一路"倡议的实施，推进沿线所在国家的基础设施建设，促进相互间的贸易往来，并通过产业合作促进沿线国家产业体系的建立和完善，同时也有助于推进我国供给侧结构性改革，促进产业转型升级。广州作为国家重要中心城市和海上丝绸之路的起点城市，"一带一路"倡议的实施为广州带来多产业链、多行业的海外投资机会。据亚洲开发银行预测，2010—2020年，亚太地区约有8万亿美元的基础设施建设资金需求，一旦这些新兴市场的基础设施展开建设，并对我国进行大规模开放，将会推进广州在港口、机场、道路，甚至地铁等方面的产能及技术加快输出，日化用品、家电、服装鞋帽、皮革皮具等传统产业以及机器设备、造船装备、汽车等先进制造业等积极"走出去"，为本地新一代信息技术、人工智能、生物医药、新材料等新兴产业发展腾出空间，促进产业的转型升级。

粤港澳大湾区建设会加速广州产业的转型升级。粤港澳大湾区建设，通过体制机制创新，将进一步强化基础设施互联互通，最大限度推进人流、物流、资金流、信息流和技术流畅通，有助于优化本区域开放型经济结构，提升资源配置能力，完善集聚外溢功能，构建发达的国际交往网络，实现区域经济、科技等领域的进一步发展，代表国家抢占全球经济发展的新的制高点。广州处在粤港澳大湾区A字形结构的顶端和中部，是大湾区的核心枢纽城市。随着广州枢纽型网络城市建设的推进，广州的资源配置能力将进一步增强，集聚辐射能力将进一步提升，科技创新、转化能力也在不断提高。粤港澳大湾区建设，将有助于广州利用国际、国内资源，加快国家创新型城市建设，发展知识密集型、技术密集型经济，打造联系全球前沿科技成果的策源地和产业化基地，成为国内新技术、新知识的输入输出枢纽，建成科技成果转化新高地。

四 全球城市及国家重要中心城市建设完善广州产业要素集聚功能

在《广州市城市总体规划（2011—2020年）》中，对广州的定位是"广东省省会、国家历史文化名城，我国重要的中心城市、国际商贸中心和综合交通枢纽"。今后一段时间，广州将围绕国家重要的中心城市和枢纽型网络城市建设，不断增强城市综合功能，提高区域辐射带动能力和国际影响力，进一步完善公路、港口、铁路、机场等交通基础设施，加强城市内外交通衔接，不断提升对产业的集聚能力（见图7-8）。

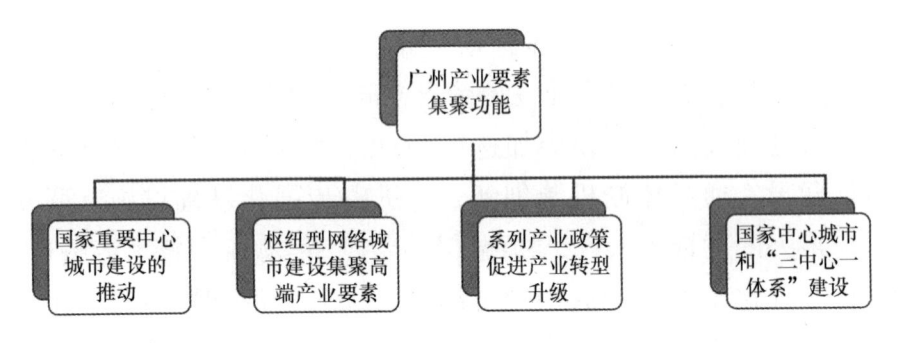

图7-8 全球城市及国家重要中心城市建设完善广州产业要素集聚功能

国家中心城市是一个国家综合实力最强、集聚辐射和带动能力最大的城市代表，也是一个国家城市体系金字塔的"塔尖"，具备产业要素引领、辐射和集散功能。国家重要中心城市建设，推动广州产业要素集聚功能不断完善。对外，广州将具有相当的国际影响力和竞争力，能代表国家参与国际竞争，推动国际政治、经济、文化和社会等方面的交流与合作；对内，广州将成为经济活动和资源配置的中枢，是国家综合交通和信息网络的枢纽，是科教、文化和创新中心，具备引领、辐射和集散功能。随着国家重要的中心城市建设，国际性综合交通枢纽建设纳入国家"十三五"规划，推动国家、省、市共建综合交通枢纽示范城市，这将有利于广州吸引国际国内人流、物流、资金流和信息流，构建高端高质高新现代产业新体系和高水平开放型经济新体系。

枢纽型网络城市建设集聚高端产业要素。"三大战略枢纽"的建设，加快了高端要素向广州集聚。广州市提出要建立健全强有力的统筹协调机制和分工合理的推进实施机制，形成"三大战略枢纽、一江两岸三带、多点支撑"发展格局。随着枢纽型网络城市建设的持续深入推进，广州的城市交通网络、信息网络、产业网络、创新网络、人才网络、生态网络、管理网络逐步完善，要素自由流动，资源优化配置，城市的枢纽带动力和网络连通性极大提升，全球人流、物流、资金流、信息流将加速集聚。这些将极大地提升广州对创新要素的集聚能力，推动新一代信息技术、生物与健康、新材料与高端装备、新能源汽车、新能源与节能环保、时尚创意等产业做大做强，形成超千亿级的产业集聚；同时，将有利于广州完善新一代网络通信、移动互联网、物联网、新型显示、高性能集成电路、新型电子元器件、高端软件、现代中药、生物制药、化学药、医疗器械、生物制造、健康服务、智能制造装备、轨道交通、航空装备、卫星及应用、高性能工程塑料、动漫、游戏、数字创意与设计等产业链条，实现广州产业跨越式发展。

系列产业政策促进产业转型升级。《广州市科技创新第十三个五年规划（2016—2020年）》《广州服务经济发展规划（2016—2025年）》《广州市先进制造业发展及布局第十三个五年规划（2016—2020年）》《广州市工业转型升级攻坚战三年行动实施方案》（穗府〔2015〕14号）、《广州市人民政府关于进一步加快旅游业发展的意见》《广州市推进文化创意和设计服务与相关产业融合发展行动方案》等系列文件的实施，推动广州产业转型升级和信息化与工业化深度融合，使移动互联网、物联网、云计算、大数据、人工智能、绿色制造等技术与传统优势产业的融合度得以提升，推动汽车、石化、装备制造、轻工食品、纺织服装等传统制造业的改造升级。

广州正在通过国家中心城市和"三中心一体系"建设，全面加快建设全球城市。目前，在广州投资的外资企业达3万家；世界500强企业达297家，其中120家把总部或地区总部设在广州。广州互联网企业超过3000家，诞生了微信、唯品会、YY语音、酷狗音乐、网易、UC浏览器等，网络游戏产业营收占全国近三成。目前，广州与36个国际城市缔结友好城市关系，与30个国际城市缔结友好合作交流城市关系，外国驻穗总领事馆达59个，"朋友圈"覆盖全球六大洲。随着2017年《财富》全球论坛、2018年第24届世界航线发展大会、2019年第31届世界港口大会、2020年世界大都市协会第13届世界大会的举办，相信广州与全球各地区、各大城市的产业、文化、科技联系将进一步提升。广州的IAB及NEM等新兴产业自然将进入全球产业分工体系，与全球产业体系的纵向联系和横向联系将更加紧密。只要广州抓住新一轮产业革命的机遇，加快原始创新、颠覆性创新以及应用创新，将推动广州产业体系在全球产业分工链条中的地位不断提升，占领全球产业价值链的高端。

五 劳动力结构变化带动广州产业转型升级

劳动力结构的变化又称就业结构的演替，是劳动力在不同产业及在不同产业内部不同行业之间相互转移的过程，其中心是就业人口在各种产业上的分布构成劳动力结构的变化，会直接推动经济结构的调整和发展方式的转型。劳动力结构既是前一阶段产业结构发展演变的结果，也是今后产业转移升级的重要动力和影响因素之一。劳动力供给的减少，导致人工成本上升，产业转移和技术替代劳动成为未来的趋势。劳动年龄人口数量和质量的双变化，将对广州产业结构的升级转型形成倒逼之势。

作为珠三角的核心城市，自改革开放以来，广州就吸引了大批劳动力。在今后一段时间，广州将仍然是劳动力最主要的转移目的地之一。相关调查表明，由于传统制造业萎缩、生产技术升级、激烈的行业人才竞争等因素挤压基层劳动力外流，使东莞、佛山、惠州等地的劳动力大量流入广州与深圳。广州凭借优越的地理位置和人才引进政策，正吸纳更多的熟练人才。

劳动力结构变化趋势将更加契合产业转移升级的方向。随着经济的发展、产业和劳动力转移战略的推进，广州三大产业的整体结构偏离度有所缩小，就业结构与产业结构的协调与平衡有所增强。数据表明，近年来，广州第一产业劳动力减少的同时产出上升，生产效率得到提高，剩余劳动力需要不断向第二、第三产业转移；第二、第三产业产出的劳动力弹性较大，说明这两个产业对劳动力的需求量增大，尤其是第三产业劳动力的就业空间和潜力较大。

劳动力素质提升将加快广州产业转型升级。2016年，广州全年在校本专科及研究生达105.73万人，居全国第一；全市在穗院士人数42人，其中中国科学院院士18人和中国工程院院士21人，以及国外、境外机构获评院士3人。广州外专局统计显示，截至2017年7月底，广州留学回国人员已达6.72万人，留学人员来广州创办的各类企业超过800家，项目涉及电子信息、网络通信、生物工程、高新农业、高新材料等领域。一方面，优质劳动力通过自身才智直接推动技术创新、管理创新和文化创新，大幅提高生产效率，节约交易成本和管理成本，从而有效促进广州传统产业向高端化升级；另一方面，优质劳动力依托其拥有的知识、技术和专利，能够吸引资本、项目、劳动力以及其他优质人才前来集聚，推动广州战略性新兴产业集群的形成。

六 土地资源结构变化促使广州产业集约化发展

（一）土地承载产业的压力增大

改革开放以来，广州市经济建设取得了显著成绩。同时，随着城市用地快速膨胀，土地利用结构不合理等问题出现，也凸显了产业快速发展与土地供求之间的矛盾。因此，为应对广州城市土地人口承载效率和能力，对产业选择的要求越来越高，过去的产业选择已经失效，需要引进更多占地少、产出多的高端高新高质产业。

（二）可利用土地指标外移推动制造业向外围地区布局

从广州市土地利用现状的空间分布看，可供城镇建设占用的土地类型主要分布在中心片区以外的其他片区，如主要在从化片区和增城片区。在广州市已经实施的片区空间战略规划中，未利用土地主要分布于增城区、花都区以及从化区的西南部，南沙区中也有少量未利用土地。因此，对土地需求多的产业，特别是制造业将逐渐布局花都、增城、南沙等外围地区。

（三）地下空间开发与集约利用承载更多商贸服务业

目前，广州市正借鉴其他发达国家对地下空间的开发利用经验，加快对地下空间的利用。利用途径包括设立地下步行街或地下商场等商业设施，以及地铁、地下停车场等公共设施。步行街或地下商场主要利用地下空间、地铁口出口等重要位置，如时尚天河、海珠区的江南新地等。此类步行街与地铁站相通，交通便利，不受天气等因素影响，能够容纳较大的人流量，对持续现代商贸零售业发展具有积极的作用。

（四）旧城改造为文旅产业释放优质发展空间

从2009年至今，广州市出台了《广州市城市更新办法》《广州市人民政府关于提升城市更新水平　促进节约集约用地的实施意见》等政策，加快"三旧改造"进度，充分利用"三旧"资源，提高土地和空间资源的利用效率，优化土地资源的开发利用结构，改善旧城区的生活居住条件，为其注入新的发展活力。例如，在以北京路步行街为中心打造广州北京路文化核心区的过程中，不仅将此区域设计打造成为传统商贸中心，而且融入了历史文化元素，带动周边环境美化、产业提升以及楼盘销售，让商业、文化、旅游进行有机融合。南华西骑楼街的改造是另外一个成功的案例，在改造设计中引入现代动漫元素，在文化的交融中为陈旧的楼房注入新的血液。再一个例子是红砖厂，将旧工厂改造成为文艺青年的小天堂，吸引大批慕名而来的游客，通过设计建造装饰以崭新的形象再生。以上改造案例的做法，既合理利用了城市空间，又为旧城区、旧工厂注入新鲜血液，促进都市型产业的发展。

七 资本结构改变推动高端高质高新产业体系构建

资本形成主要来源于储蓄，主要去向是投资。因此，资本主要从两个方面影响产业的发展：一是金融机构储蓄带动产业的再发展；二是投资对产业的影响。广州金融机构储蓄充足，但转化率不高。目前，全市直接融资余额达1.35万亿元，在大城市中仅次于上海（1.49万亿元），占全省（含深圳）的60.7%；直接融资占社会融资的比重达65.7%，居全国大城市第一位。2016年年末，广州全部金融机构本外币各项存款余额47530.20亿元，全部金融机构本外币各项贷款余额29669.82亿元，说明广州本身资本供给充足，为产业发展提供了基本保障。资本流转呈现向高端产业偏移趋势。近年来，广州高度重视风险投资的发展，陆续出台系列政策加以扶持。2015年出台《关于促进广州市股权投资市场规范发展暂行办法》，目前正在制订《广州市建设产业金融中心的总体方案》，以及汽车金融、商贸金融、航运金融、航空金融、文化金融、绿色金融等产业金融专项政策，从而构建起"1+N"产业金融政策体系。推动金融服务创新驱动发展，设立9家科技支行，设立广州市科技型中小企业信贷风险补偿资金池。

资本投资结构的转变，特别是风险投资的发展，一方面有利于广州通过资本市场价值发现功能与风险配置功能，在市场机制的作用下能够遴选出代表产业升级方向的项目和企业。通过配股和资本市场中的并购重组，推动资金流向这些项目和企业，从而提高资本市场存量结构中代表传统产业升级发展方向的企业比重，从而实现存量产业的优化。另一方面，资本市场对技术创新和新兴产业的追逐会产生示范效应，使新技术、新产业、新业态在发展中得到更高的溢价，吸引更多的新技术新产业新业态企业集聚，从而通过资本和产业市场的增量，进一步改变产业体系的构成，促进广州高端高新高质产业的成长和规模扩大。

八 消费结构变化带动新兴产业快速发展（见图 7-9）

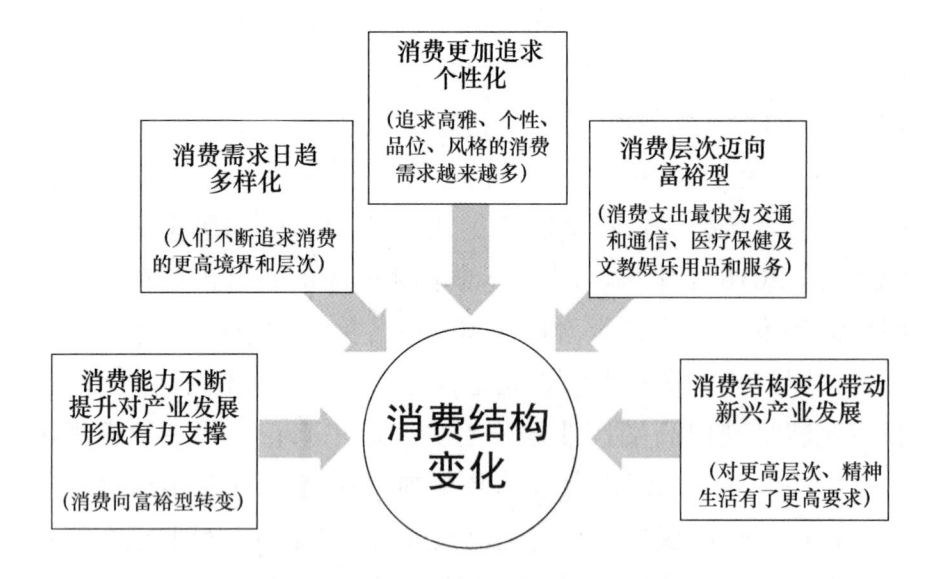

图 7-9 消费结构变化带动新兴产业快速发展

（一）消费能力不断提升对产业发展形成有力支撑

改革开放以来，中国经济发展进入前所未有的高增长阶段。国内消费需求也发生天翻地覆的变化，从温饱型向小康型，继而向富裕型消费逐步转变。2016 年，广州人均 GDP 达到 145254 元（约 2.3 万美元），全年城市常住居民家庭人均消费支出 38398.20 元，增长 7.4%；农村常住居民家庭人均消费支出

17595.07元，增长10.5%。收入的持续稳定增长给消费需求提供了坚实的保障，广州居民消费能力显著提升。根据初步预测，今后十年，广州可支配年均收入能够支付得起私家车和小件奢侈品的家庭比例将增长近6倍，这将带动汽车、珠宝、游艇等高价值产业的发展。

（二）消费需求日趋多样化

物质基础的进步为消费需求的满足提供了必要的条件，消费品的丰富及多样化为消费需求的满足提供了可能性。在物品极其丰富的今天，人们不仅仅满足于衣食无忧，而且要不断追求消费的更高境界和层次。追求消费的舒适与享受，追求消费带来的成就感、归属感和身份地位的认同感，已经成为现阶段消费的重要内容和形式。人们对衣、食、住、行、用、文娱、医疗、教育等诸多领域，都有了更加丰富的要求。

（三）消费更加追求个性化

人们希望通过自身消费的个性化来树立其消费领域的话语权，以此获得身份认同和自我表达，拥有突出自我的消费观念。追求高雅、个性、品位、风格的消费需求越来越多，这将对产业选择与产业升级产生重大的影响。

（四）消费层次迈向富裕型

从恩格尔系数的走势来看，广州居民消费结构在1993—2016年间经历了两次重大转折，在1996年转向小康型，在2000年逐步转向富裕型。今后，广州居民的消费需求将快速转向富裕型，小康型消费结构已经逐步被替换。从温饱型向小康型转变过程中，在居民消费结构中，比例增长最快的分别是家庭设备及服务支出、居住支出、文教娱乐用品和服务支出以及交通通信支出。而在小康型向富裕型转变的过程中，比例增长变动排序为交通和通信支出、医疗保健支出以及文教娱乐用品和服务支出。

（五）消费结构变化带动新兴产业发展

目前，广州教育娱乐文化支出已经占到居民全年消费总额的 13% 以上，超过衣着支出、家庭设备用品及服务支出、居住支出等项目，反映了人们对更高层次、更大比重精神生活的需求。

第三节　小结

总结广州改革开放以来产业演进的规律，可以归纳出全球经济形势、国家宏观战略、广州城市战略、要素结构、消费需求变化等因素对广州产业的演进影响较大，使广州形成现在的产业结构和产业体系。在未来的一段时间里，对广州产业演进的因素以及这些因素的内部结构和影响权重将发生变化，新一轮科技革命成为广州推动产业发展新引擎，发达国家战略加速产业转型倒逼广州产业高端化，"一带一路"及粤港澳大湾区战略拓展广州产业发展新空间，全球城市及国家重要中心城市建设完善广州产业要素集聚功能，劳动力结构变化带动广州产业转型升级，土地资源结构变化促使广州产业集约化发展，资本结构改变推动广州高端高质高新产业体系的构建，消费结构变化带动广州新兴产业快速发展。

第八章 广州产业发展的未来趋势研判

前面章节回顾了广州市产业演变的历史过程，分析了影响产业演变发展的因素及未来变化。基于目前的产业发展基础和条件，加上诸多影响因素新变化所体现出来的驱动力量，促使广州市未来产业发展将呈现出新的高端化发展趋势。产业结构将体现为智能化、绿色化、新模式、新业态和融合发展的趋势特征；新技术的运用将促使新一代信息技术、生物医药、高端装备等发展成未来的支柱产业；产业布局将向多中心网络状形态发展；产业国际化将在更高层次上发展，引进外资和对外投资与合作将成为广州产业发展的一种新常态。

第一节 产业结构发展的趋势研判

广州正处于第二产业增长速度有所回落、第三产业较快发展的阶段，产业转型升级步伐加快，产业结构不断优化，先进制造业超越工业增速，保持高速增长，现代服务业的主导地位不断强化。在世界经济重心东移速度加快、国际产业转移高度化、全球价值链进入新的调整期、我国深入推进供给侧结构改革的大好机遇下，地处亚太地区核心区域的广州在建设重要的国家中心城市的总目标下，从产业发展前景和活力着眼，抢占全球产业链关键环节，在新一轮技术进步与工业革命中争取主动权，必然需要以坚实的第二产业发展基础支撑服务业的稳步发展，继续坚持先进制造业与现代服务业双轮驱动，产业结构的高端化将成为广州发展的主要趋势，主要体现在以下方面。

一 制造业与服务业融合发展成为产业发展主流趋势

随着现代信息技术的快速发展，服务业与制造业之间的关系越来越密切，二者之间边界越来越模糊，逐渐呈现出融合互动、相互依存、相生相伴的发展趋势，制造业与服务业融合发展已经成为推动全球产业升级的主要驱动力量。广州市在实施先进制造业与现代服务业双轮驱动的结构优化战略下，制造业服务化与服务业制造化将会相向发展。

一方面，制造业服务化成为先进制造业与生产性服务业融合的主流趋势。广州制造业的优化提升和转型升级必须要加大研发投入、人力资本投入，促进专业化分工，实现技术升级、产品升级和产业升级，从而推动广州研发、租赁和商务服务、金融、技术服务等生产性服务业的发展，催生电子商务、众包、网购等新业态。

另一方面，服务业制造化倾向逐步显现。服务业对制造业的渗透显著增强，以互联网信息技术为主的新兴服务业逐渐向制造业领域渗透，金融、保险、会计、技术、物流等服务业均是支持制造业发展的重要部门，新能源、新材料、生物技术、精密仪器、信息技术成为服务业中率先进入制造业领域的产业。服务企业将制造业的现代化生产方式、标准化产品引入服务业，产业链逐步向制造业延伸。如IT服务跨国企业思科创新中心在广州的落户，将带动广州计算机设备和软件研发、制造、产品测试等产业发展。

二 智能化、高端化、绿色化是制造业发展的必然方向

随着新一轮科技革命的到来，移动互联网、大数据、云计

算、物联网等新一代信息技术加速在制造业领域应用，新能源、新材料等高端产业成为制造业的新领域。德国的"工业4.0"计划提出通过智能工厂和智能生产，推动制造向智造的转变；美国也在高端机器人、纳米技术等领域驱动了高端制造业发展计划。广州要适应国际经济环境变化，抓住国家"一带一路"发展契机，发挥粤港澳大湾区主导作用，必然要顺应产业发展与演进的内在要求，推动制造业向智能化、高端化、绿色化、服务化发展。

制造业的智能化、高端化，要求广州提升加快产业创新能力，大力发展新一代信息技术、人工智能、生物医药与健康医疗、新材料、新能源等战略性新兴产业，以及新能源汽车、轨道交通、高端船舶与海洋工程装备、航空与卫星应用等高端智造产业。智能制造的产业布局也在进一步优化，以广州开发区、增城产业园区、云埔工业区（黄埔）三个产业园区为核心打造国家级"智能制造+智能服务"产业基地；以花都、番禺、南沙三区为支点着力构建辐射珠三角经济圈的智能制造创新产业带与示范引领区。推进制造过程智能化，面向汽车制造、电子信息、精细化工、生物医药、食品饮料、装备制造等领域大力引导和推进制造智能化。大力开发智能终端产品，着力开发智能网联汽车与车载终端、智慧家居、可穿戴设备、机器人、智能成套装备等。积极创建互联网经济创新示范区，推动移动互联网、云计算、大数据、物联网等与现代制造业融合发展。

制造业的绿色化是加快推动生产方式绿色化、增加绿色产品供给、减轻资源环境压力、提高人民生活质量的有效途径，是推动工业转型升级、培育新的经济增长点、稳定增长和调整结构增加效益的关键措施。这就要求广州加快传统制造业进行绿色化改造，加大环保技术在石油炼制、化工等重点行业的推广应用；发展绿色制造产业，推进大气污染防治、环境监测仪器和设备、资源循环产业、新能源汽车、可燃冰等新能源开发、新型环保材料等节能环保产业。打造绿色制造业生态链。推进绿色制造体系试点，引导园区发展循环经济，打造国家级循环经济示范园区。

三 服务业高端化是提升广州城市全球配置能力的必然选择

（一）生产性服务业专业化发展

根据纽约、东京、伦敦等全球城市的发展经验，广州要发展成为全球城市，发展成为全球资源配置中心，必须大力发展生产性服务业。通过生产性服务业的发展，建立在全球范围内配置资源的能力。应紧抓国际航空枢纽、国际航运枢纽和国家创新枢纽、南沙自贸试验区建设机遇，加快发展金融、现代物流、信息技术服务、电子商务、会展服务、商务服务等生产性服务业。其中，金融业是经济发展的血液，是推动产业转型升级的重要抓手，是成为全球资源配置中心的必然选择。在未来，广州要大力发展现代金融业，包括银行业、保险业、租赁业、风投创投行业。壮大培育南沙新区、空港经济区、广州开发区三大生产性服务业增长极。

（二）生活性服务业高品质化

以供给侧结构性改革为契机，适应商品消费过渡到服务消费的消费需求转变，创新供给，推动生活消费方式由生存型、传统型、物质型向发展型、现代型、服务型转变，促进和带动生活性服务业向高质量发展转变。重点发展文化产业、旅游服务、体育服务、商贸服务、健康服务、养老服务、餐饮住宿等，把文化产业、旅游业、体育产业发展成为支柱性产业。鼓励探索服务业态和模式创新，营造包容氛围，推动生活性服务业在融合创新中发展，增加服务供给，丰富服务种类，提高发展质量。

四 新模式、新业态不断涌现，提升了广州城市经济活力

"互联网+"是提升产业竞争力的重要途径。广州应加快"互联网+"基础产业发展，大力推进核心关键技术创新，进一步做强本地信息技术产业，重点发展新一代互联网、云计算、大数据、物联网、软件、信息通信设备等产业，推动本地"智慧互联"基础的发展。积极推动产业的"智慧互联"，进一步促进新一代信息网络技术与传统产业结合，促进传统产业的信息化、智能化改造。一方面，进一步发展"互联网+服务业"，发展互联网金融、电子商务、数字会展等；另一方面，必须进一步促进"互联网+制造业"发展，通过移动互联网、大数据、云计算、物联网等技术与传统工业制造业等融合，实现产业智能化、智慧化升级。广州要大力促进具有优势的制造业尽快与互联网融合，如发展车联网等；促进互联网智能装备设备产业的发展，如传感设备、显示设备、存储设备以及机器人、3D打印设备等，抢占产业发展先机。

"平台经济"是推动城市功能转型、抢占经济发展制高点的重要支撑。平台经济具有集聚辐射性、开放拓展性、共享共赢性、生态系统性等特征，能够推动产业持续创新，引领新兴经济增长，加快制造业服务化转型等。平台经济的发展，一方面是实体平台的发展，主要在于推进产业园区建设，完善公共设施和服务平台建设，进一步促进产业集聚、集群发展；另一方面，在于引进虚拟平台企业，通过沟通上下游产业链或者消费者，使关联方增值，并实现自身增值，如阿里巴巴、京东等。广州要依托本地的商业环境优势、良好基础设施优势等，勇于创新，大力发展平台经济，使之成为实现广州城市发展战略的重要引擎。明确本地平台经济的发展重点，着力推动粮油化工等大宗商品、一般商品、医疗、多媒体、文化等重点服务业和金融信息平台及地理信息平台等新兴领域平台企业的发展；面

向工业转型升级与产业基地打造的需求,瞄准本地装备制造业、轻工产品等重点产业,打造交易与服务平台;支持有竞争力的制造业企业依托自身优势,打造线上交易、服务平台,形成新的增长点。"工业4.0"和"中国制造2025"战略明确提出制造业发展方向就是利用信息网络技术,把产品、机器、资源和人有机结合在一起,建立一个高度灵活的个性化和数字化的制造模式,提升完善生产物流供应链技术管理。因此,消费者、供应商、智能企业、智能设备等要素资源信息的整合显得尤为重要。"小米"等企业正尝试扮演这种角色,广州必须大力培育、扶持、引进此类"信息整合+智能制造"类企业。积极推进平台经济商业模式创新。一方面,寻找平台经济发展的薄弱或者空白区域,推动相关领域平台企业成长;另一方面,除了引入上下游企业外,平台企业还可以引入功能性企业,如快递物流业,完善产业链条,积极向移动平台延伸。

"文化+"是促进产业结构优化升级的重要抓手。结合当今文化产业发展趋势,推动文化产业化,实现文化与家具、建筑、装饰、时尚用品、影视作品等的深度融合,积极引导"文化+制造",推动文化产业及制造业大发展;推动文化创意产业与信息技术的融合。充分发掘、利用、推广广州丰富的历史文化资源,提升文化资源的多样化表现水平,积极引进社会资本进一步做强文化旅游业,实现"文化+旅游"的发展,带动相关产业大发展。

第二节 支柱产业发展的趋势研判

从2000年以来,电子信息产业、汽车产业和石油化工产业一直是广州的三大支柱产业。但随着新一轮科技革命的迅猛发展,广州三大支柱产业将逐步为新一代信息技术、人工智能、生物医药与大健康、新能源与新能源装备、高端制造与新材料五大产业所替代。未来10—20年，五大产业将主导广州经济发展，再造产业结构，将产业体系提升到高端化阶段，重塑广州在全国乃至全球经济版图中的地位，彰显广州作为超级城市在全球的影响力。

一 新一代信息技术产业的发展将使电子信息产业继续保持支柱地位

随着信息技术日新月异的发展，未来10—20年，广州原有的信息技术产业升级为新一代信息产业，主要集中在新型显示技术、新一代宽带无线移动通信、云计算、大数据和物联网等重点领域。

（一）显示技术产业发展使广州成为世界显示之都

显示屏是所有信息终端的必备部分，显示技术是数字信息时代的关键硬科技之一，具有无限的市场前景。广州在富士康显示技术等项目的带动下，形成千亿级的新型平板显示产业集群；还将在可穿戴设备与智能汽车的显示装置、低温多晶硅技术、曲面显示屏等先进显示技术与产品领域达到世界领先水平，从而使广州成为名副其实的世界显示之都。

数据显示，广州电子信息制造业以新型显示为主，新型显示产业集群产值超千亿元。据统计，2017年广州电视机制造、光电子及其他电子元器件制造产值完成1072.35亿元，占全市电子信息制造业产值（2234.8亿元）的47.98%；其中，全市电子信息制造20强企业中，有10家是新型显示企业。据广州市工信委预测，预计2020年广州新型显示产值将超过3000亿元，带动电子信息制造业产值超过5000亿元，集聚乐金显示、富士康等一批世界级的新型显示龙头企业，全力打造"世界显示之都"。

（二）主动布局5G领域使广州跃居世界移动通信产业前沿

广州瞄准5G技术和产业的发展机遇，以系统设备核心部件、新一代通信设备和关键软件平台研发为重点，实现移动通信产业与互联网终端设备的对接。广州还将在下一代移动通信技术、虚拟现实、社交主导的 OTT 业务等世界移动通信产业领域进行主动布局，取得一系列先发优势。

（三）云计算渗透在各个产业领域，不断改变相关产业的运作模式

广州不断加快云计算产业与相关产业的融合发展，构建完善的云计算产业链，重点推进虚拟化技术、分布式计算、数据中心、大数据挖掘在医疗、金融、物流等行业的应用。同时，广州注重云计算在政府部门的应用，在"政府云"领域走在全国乃至全球的前列。

截至目前，国家超算广州中心天河二号运算速度全球六连冠，累计已服务云超算用户近 600 家，支撑国家级课题超过 100 项。广州拥有亚太信息引擎、中国电信沙溪云计算中心、广州云谷南沙数据中心、中国联通国家数据中心广州科学城 IDC、中国移动（广州）数据中心等一批大型数据中心，机架总数超过 2.9 万个。此外，众多知名企业、高等院校、科研院所纷纷加入云计算技术和服务的探索研究与应用推广行业，中国电子科技集团第七研究所率先建成云计算体验中心。广州云计算产业的发展，具有较为突出的基础和区位优势。

（四）大数据产业使广州成为数字化时代"新型矿藏"的开拓者

数据是数字化时代取之不尽、用之不竭的"新型矿藏"，数字获取、处理和挖掘等能力、直接影响一个城市经济发展的资源水平。广州依托国家超级计算机中心和南方基地数据中心，通过对相关数据的整合处理，以开放共享的模式经营大数据产业，让大数据产业在传统产业和其他新兴产业领域发挥商业价值和市场价值。广州还不断加快大数据在算法、数据服务、人力资源分析、政务服务等领域的应用，让大数据产业发展成为经济效益和社会效益的倍增器。

2016 年，广州市大数据产业总产值约为 150.69 亿元，其中

基础支撑规模为 27.03 亿元，数据服务产值为 76.64 亿元，数据融合应用服务产值为 47.02 亿元（见表 8-1）。

表 8-1　2016 年广州市大数据产业链企业和产值统计

产业链环节	企业数（个）	企业数量占比（%）	大数据产业产值（万元）	总产值（万元）	大数据产值在总产值平均占比（%）
融合应用	410	43.52	470242.1	8850689	5.31
基础支撑	251	26.65	270288.7	2389830	11.31
数据服务	281	29.83	766416.2	2625460	29.19
总计	942	100	1506947	13865979	10.87

大数据产业基础支撑方面，广州市基础支撑产业产值在全市大数据总产值中占比 11.31%，重点企业总计 251 家。拥有杰赛科技（一体化设备和平台）、北明软件（基础设施生命周期管理系统及运维平台）、广业开元（大数据平台）、京华信息（大型数据中心运维）等知名基础设施生产企业。

大数据产业数据服务方面，广州市拥有全球用户高达 5.59 亿人的微信、全球最大的第三方手机浏览器——UC 浏览器、全球规模最大的数据实时计费结算系统——从兴电子、亚洲最大的应用程序开发集群——久邦数码、国内排名第一的数字音乐客户端——酷狗音乐、国内最大的邮箱系统——网易等一批数据产生与采集的企业和平台。

大数据产业融合应用方面，广州市大数据融合应用服务在数据自营、数据租售、数据分享平台和数据分析平台几大细分领域具有优势，2016 年全市大数据融合应用重点企业 410 家，产值在大数据产业总产值中占比为 5.31%。

（五）物联网产业夯实万物互联的智慧城市的技术基础

广州在感知技术、传输技术、信息处理技术等物联网共性技术领域获得突破，通过对不同行业的联通，形成物联网产业生态圈。广州的物联网产业通过融合芯片设备制造、智能装备、信息服务、基础设施等产业发展,实现物联网的交汇应用,为万物互联的智慧城市提供了技术基础。

据统计,广州市物联网骨干企业中,应用软件系统服务企业数量占比超过60%,应用软件系统产业产值全省同领域产业占比约25%,仅次于深圳(42%),产业范围涉及家庭与个人消费、安防、金融、企业管理、通信服务、智能交通等多个领域(见图8-1)。广泛的应用需求有效带动了物联网标识感知产业及网络传输产业发展。物联网标识感知产业基本形成以电子标签制造为主、读写器与传感器制造并行发展格局;网络传输产业以三大网络运营商、网络设备制造和通信模块制造为主的网络设备制造商发展成熟,全市网络设备制造商全省占比达30%上(见图8-2)。

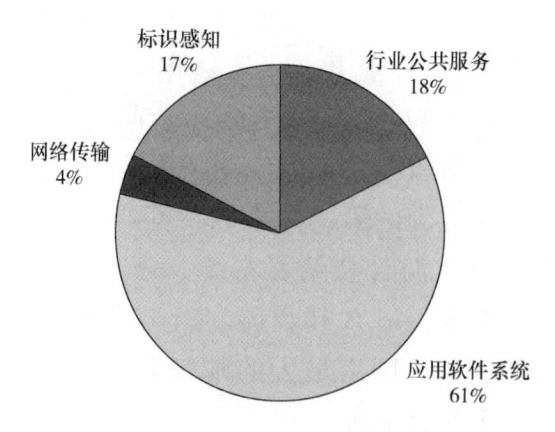

图8-1 广州市物联网骨干企业(机构)行业分布

据不完全统计,截至2015年年底,广州市无线射频识别(RFID)、二维码、条形码、传感器、卫星导航、视频监控等物联网企业约980家,核心产业规模突破300亿元,同比增长23%,相关电子产品制造及信息集成服务产值规模超过2000亿元。截至2015年年底,广州物联网产业领域共有海格通信、杰

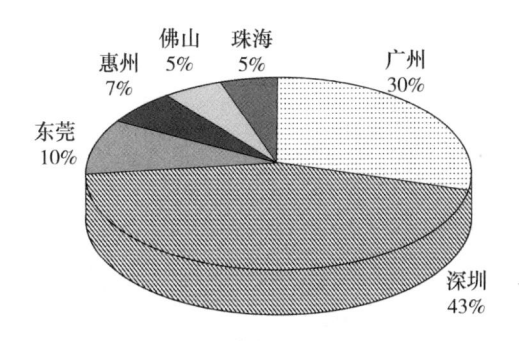

图 8-2 广东网络设备制造企业分布统计

赛科技、中海达、佳都新泰、安居宝等 12 家重点上市公司。海格通信实现主营业务收入 29.5 亿元，增长 75%；广电运通实现业务收入 25.2 亿元，增长 17.2%；其他重点上市企业，如北明软件、新科佳都、杰赛股份，均保持了较快速度增长。

二 人工智能（AI）将加快广州产业结构优化升级

人工智能正在重现历史上电力出现后应用在一切部门的情景，加速应用于生产和生活的一切领域和人们生活的一切场景。2017 年，广州将 IAB（新一代信息技术、人工智能和生物医药）作为优先发展的三大战略性新兴产业。经过 10—20 年发展，广州将形成人工智能产业发展的良好生态系统，这确立了广州在全球人工智能产业版图中的地位。

有数据显示，中国人工智能产业规模 2016 年已突破 100 亿元，以 43.3% 的增长率达到 100.60 亿元，预计 2017 年增长率将提高至 51.2%，产业规模达到 152.10 亿元，并于 2019 年增长至 344.30 亿元。

当前，中国人工智能企业主要集中于北京、广东及长三角一带，占中国人工智能企业总数的 84.95%，其中，广州以 7.7% 的占比位列全国第四位（见图 8-3）。

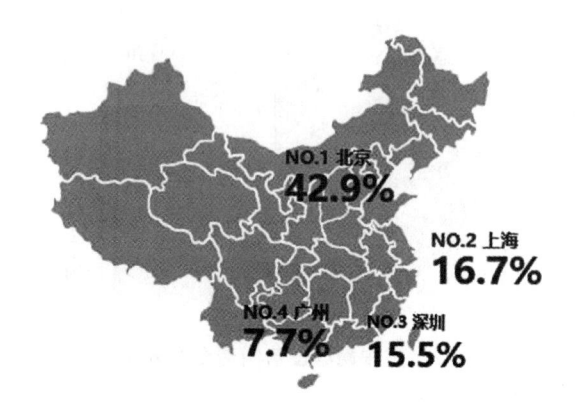

图 8-3　中国人工智能公司地区分布

（一）广州成为中国人工智能基础产业中心

广州充分发挥电子信息产业优势，瞄准人工智能全产业链条，全力引进龙头企业，推动了人工智能与现有产业深度融合。它着重推进计算机视觉、智能语音处理、生物特征识别、自然语言理解、智能决策控制以及新型人机交互等关键技术的研发和产业化，使广州成为中国人工智能基础产业中心。

（二）智能装备产业服务于广州，进一步服务于全国

在中国劳动力成本上升和世界范围制造业智能化的大背景下，广州以珠三角庞大的制造业市场为依托，践行"中国制造2025"发展战略，致力于发展智能制造系统集成服务产业。同时，广州致力于将人工智能镶嵌于智能制造系统中，实现从机器代替人的体力到机器代替人的智力的转变。这不仅使广州本地制造业实现智能化升级改造，也使广州发展成为中国重要的智能制造产业服务基地。

广州的智能制造企业主要集中在广州开发区。统计显示，目前，广州开发区已经集聚了73家智能装备企业，其中规模以上企业25家，已聚集广州数控、海瑞克、达意隆、昊志机电、明珞装备、诺信等代表性企业，华鼎、启帆、明珞、粤研、万讯、日松、飞锐、巨轮等一批重点项目相继落地。作为广州市机器人及智能装备产业的集聚区，黄埔区、广州开发区的总产值规模目前约占全市规模的三分之一，成为引领全区产业转型升级的重要支柱。

（三）广州成为全球重要的机器人产业中心之一

以广州智能机器人亮相2016年央视春晚为标志，广州的智能机器人产业发展进入快车道。广州机器人产业主要有两个发展方向：一是围绕现有的机械、化工、汽车、轻工等发展工业机器人；二是围绕医疗、教育、家庭服务、消防救援等发展应用机器人。同时，广州重视以市场为导向积极推进与小批量定制、个性化制造、柔性制造相适应的机器人技术的研发和产业化。

2016年，广州市智能装备及机器人产值近500亿元，机器人生产量在全国排第二位。其中，广州数控、启帆2家企业入选"中国机器人TOP 10"，同时有8家企业成为省首批机器人骨干企业，占全省数量的三分之一。广州机器人行业集聚效应显现。黄埔区、广州开发区已形成从上游关键零部件、中游整机到下游系统集成的机器人完整产业链条。根据广州市的规划，到2020年，广州以工业机器人为核心的智能装备产业集群产值将突破千亿元。

三 生物医药与大健康产业的发展将进一步强化广州医疗服务行业优势

广州具有优良的医疗资源，在心脑血管、肿瘤、眼科、肾科等十几个医疗技术领域接近国际先进水平；又有众多的医学院校和科研机构，整体实力强，具有非常突出的发展生物医药和大健康产业的比较优势。

"十二五"期间，广州生物产业年均增长率超过14%。以科学城、生物岛为核心，健康医疗中心、国际健康产业城、国际医药港等特色园区协调发展，打造广州国家生物产业基地布局。广州全市共有生物领域国家级工程中心（实验室）12家、专业孵化器13个；围绕生物医药重点领域吸引和培养了5名诺贝尔奖获得者、12名两院院士、50名"千人计划"专家、20名"万人计划"专家。"十二五"期间，89个新药获批开展临床研究，19个新药取得生产批件。

据预测，到2021年，广州市有望实现生物产业规模达5000亿元，增加值达1200亿元，占GDP比重超过4%。在2025年，则有望实现万亿元规模，生物医药健康产业的增加值将占经济比重的15%左右，成为全市第一大支柱产业。

（一）"广药"不仅成为中国，而且成为世界著名的生物医药品牌，大踏步走向全球市场

"广药"（泛指广州研发生产的所有生物医药产品而非狭义的广药集团的产品）不仅形成强势的中国品牌，而且在国际市场形成知名度，广泛进入全球市场。

"广药"产业主要集中在治疗和预防重大疾病的化学药、中药、生物技术药物新产品的研制和生产领域（见表8-2）。其中，广州拥有巨大技术、产业和品牌优势的中药产品的开发。随着世界范围对中医药接受度的日益提高，也随着中医药的标准化、现代化和科学化进程的加快，"广药"产业走向了更广的世界市场。

表8-2　　　　　　　广州生物医药产业"单打冠军"

序号	企业名称	"单项冠军"项目
1	达安基因	PCR荧光检测试剂全国第一
2	铭康生物	注射用重组人TNK组织型纤溶酶原激活剂（铭复乐），填补国内空白
3	锐博生物	国内首条寡核酸cGMP生产线（即核酸药物生产车间），填补国内空白
4	冠昊生物	诱导再生功能新型生物材料及其制品全国领先
5	瑞博奥生物	全球规模最大、种类最多的蛋白芯临床诊断产品生产线；定量检测超过1000种蛋白，全球第一
6	金域检验	全国首家获得医疗机构执业许可证的独立临床实验室，全国规模最大的第三方医学检验机构

续表

序号	企业名称	"单项冠军"项目
7	赛莱拉干细胞	中国新三板首家干细胞挂牌上市企业
8	阳普医疗	国内临床检验实验室标本分析前变异控制技术领军者
9	益善生物	亚太地区规模最大的专业从事液相芯片系列产品开发的企业，目前国际个体化医疗联盟的唯一中国单位
10	倍绣生物	从哺乳动物血中提取生产纤维蛋白胶类产品创世界首例
11	贝恩医疗	中国规模最大、技术领先的血液净化类医疗设备制造商
12	万孚生物	国内首家"零缺陷"通过美国食品与药物管理局现场考核的体外诊断试剂企业，建立了具有国际先进水平的胶体金快速诊断试剂生产线
13	朗圣药业	全球首个肠溶剂型的事后紧急避孕药生产商
14	扬子江药业集团广州海瑞药业	枸地氯雷他定片、氨氯地平贝拉普利片（I）全国领先
15	香雪制药	抗病毒口服液全国同类市场第一
16	白云山中一药业	"消渴丸"全国同类市场第一

2014年，广州生物与健康产业主营业务收入达1459.20亿元，增加值为433.65亿元。其中，广药集团作为广州生物医药健康产业的龙头企业，是广东省、广州市重点扶持的大型骨干企业，也是全国最大的制药集团。

数据显示，被国家发改委认定为"国家生物产业基地"的广州开发区，2015年聚集生物医药企业约604家，其中高新技术企业108家，涉及精准医疗领域企业108家，规模以上企业实现工业总产值538亿元，生物医药产业产值占全市五成以上。该区年销售额超1亿元的企业65家、10亿元以上的大型企业10家，培育出达安、香雪、阳普、冠昊、万孚、康臣等上市企业18家，总体发展水平与中关村、张江、东湖一起位居全国第一梯队。

（二）以基因治疗和精准医疗为代表的新型医疗服务蓬勃发展

随着基因治疗、精准医疗等新型医疗服务的广泛应用，广州作为中国优质医疗服务资源最集中的三大城市的地位得到巩固和提升。新型医疗服务加上原有传统优质医疗服务，不仅吸引着全国各地，而且吸引着来自世界各地的就医者来广州接受医疗服务，形成一个以医疗服务为中心的庞大的产业集群。

（三）以本地市场为依托，开辟高性能医疗器械装备市场

广州众多的医疗服务机构和不断发展壮大的医疗服务产业为医疗器械制造提供了基础市场。它重点发展高性能医疗器械装备产业，包括影像设备、微创外科和介入治疗装备、肿瘤治疗器械及设备、医疗急救及移动式医疗装备、生物材料3D打印装备、康复工程技术装置、医用机器人等高性能诊疗设备。同时，广州紧跟世界先进医疗发展趋势，开发全降解血管支架等高值医用耗材，可穿戴、远程诊疗等移动医疗产品。

（四）基于大数据的健康管理服务开辟了医疗健康服务的新时代

从单纯的医疗服务到基于大数据的以人们的身心健康为中心的终身健康管理，是世界医疗健康服务的大趋势。从以往简单的医疗服务到客户终身的健康管理，不仅提升了客户健康水平，而且创造了新的可以无限扩展延伸的产业领域。广州所拥有的庞大医疗资源和巨大的医疗服务量为健康管理行业的发展提供了得天独厚的条件。经过10—20年发展，广州的健康管理行业将发展成为巨大的医疗服务延伸产业。

四　新能源装备产业为广州产业发展注入新动力

新能源是关系人类社会可持续发展的重大问题。广州新能源产业发展搭上国家可燃冰等新能源发展的快车，其新能源装备主要集中在新能源汽车领域。

（一）可燃冰等新能源开发使广州成为国家能源开发重镇

可燃冰是21世纪绿色环保的战略性替代新能源。中国南海勘探出储量巨大的可供工业化开采的可燃冰资源，为国家新能源战略指明新方向。国家在广州南沙新区布局了可燃冰技术

开发基地，为广州参与开发可燃冰资源打下基础。在未来10—20年，可燃冰开采及相关产业发展成为广州新能源产业的主要方向。

（二）绿色低碳的新能源汽车将成为广州汽车产业主导方向

欧洲一些国家已经出台燃油汽车的停产时间表，中国业已开始研究该时间表。新能源汽车替代传统燃油汽车，是世界发展趋势。广州在传统燃油汽车领域是中国汽车的产业中心之一，在新能源汽车时代，也将成为中国新能源汽车的产业中心之一，续写汽车产业的辉煌。

自2010年以来，广州连续作为国家新能源汽车推广应用示范城市，在新能源汽车研发生产、推广应用、设施建设、产业培育等方面取得了积极成效。据统计，2017年广州汽车产销规模首次突破300万辆，其中新能源汽车产量达到8000辆，同比增长64.0%。目前，广州拥有广汽传祺、广汽菲克Jeep、东风日产晨风、广汽比亚迪和北汽（广州）等多个新能源汽车品牌。截至2017年年底，广州累计完成新能源汽车推广应用49000多辆。新能源汽车充电设施加快建设，目前已建成充电站800多处，充电桩数量约达到800个，分布涵盖全市11个区，形成新能源汽车应用的良好氛围。新能源汽车产业全面兴起，车型覆盖广，形成完整的新能源汽车产业链。而且，《广州市新能源汽车发展工作方案（2017—2020年）》提出，力争到2020年年底，全市新能源汽车整车年生产能力达到30万辆以上，基本建成面向国际的"新能源+智能网联"汽车产业创新集聚区。

五 新材料和高端制造产业发展将提升广州制造的质量

（一）北斗导航产业进入成熟期和收获期

随着中国北斗全球定位系统的建成，以广州无线电集团为代表的广州企业在北斗产业领域进行的前瞻性布局进入收获期。

通过打造北斗卫星导航产业创新型产业集群，广州拥有了涵盖芯片、模块、整机、系统集成、测试认证等领域的多家龙头企业和相关企业，产业布局涵盖北斗全产业链，占据国内北斗产业链的高端位置。

广州作为改革开放的前沿阵地，与北斗系统发展同步，成长起了海格通信、中海达、南方测绘、泰斗微电子、广州润芯等一批在国内卫星导航通信领域保持技术领先地位的高科技企业，以及一大批北斗技术大众应用型的企业，形成了北斗产业"广州军团"。

作为最早研发出商用的北斗芯片的厂商之一，广州润芯连续多年蝉联国家北斗办组织的全国北斗射频芯片比测第一名，是国家导航通信发展战略的重要厂商。在整个北斗产业中，因为广州润芯在芯片领域的贡献，母公司海格通信构筑了北斗领域"芯片—模块—天线—终端—系统—运营"全产业链，并确立了牢固的行业领先优势。

根据《卫星导航产业规划》，到2020年，中国卫星导航产业产值将达到4000亿元，其中北斗产业的贡献率至少达到60%；对应2020年，北斗产业规模将达到2400亿元，也将为广州的北斗应用企业带来巨大的成长空间。

（二）航空产业出现突破，无人机走向全球市场

广州空港经济区重点发展的航空材料、航空相关装备制造、精密机械加工等得到长足发展。依托南航总部，广州建成亚洲最大的飞机维修，特别是技术等级最高的航空发动机维修基地。广州还自主研发飞行运行控制系统和发动机性能监控系统，并在国内航空业处于领先地位。

以亿航为代表的广州无人机企业突破核心技术，产品大规模走向全球市场。广州研发制造的无人机在环境气象监测、航拍航测、影视传媒、现代物流、农林植保突发事件监控、边防/海事巡逻等领域得到广泛应用。

（三）海洋装备制造向高端化、智能化、绿色化和定制化方向发展

广州以原有船舶制造产业为基础，突破新材料与船体结构轻量化设计技术、船型优化节能技术、船舶智能设计制造技术等关键共性技术，提升了船舶的制造水平。广州还致力于打造超级节能环保船、高性能执法作业船舶、智能船舶等高性能船舶，推动广州传统船舶产业向高端化发展。

（四）拥有自主知识产权的新材料技术让广州在新材料产业具有核心竞争力

未来10—20年，广州在已有新材料产业基础上，在新型复合新材料、高性能新材料、新能源新材料、生物医用新材料、生态环境新材料、信息功能新材料等领域，取得一系列具有自主知识产权的新材料技术，确立了广州在新材料行业的竞争优势地位。

位于黄埔区、广州开发区的新材料产业，作为环保新材料国家火炬特色产业基地，已形成以新型高分子材料等先进基础材料为主导，新型能源材料、电子信息材料等关键战略材料为发展新动能的环保新材料产业体系，国内市场占有率高达11%。其中，以金发科技为龙头的新型高分子材料产业是基地的第一大主导产业，集聚了250多家优秀企业，2016年实现总收入达540亿元；新型能源材料产业主要集中于电池材料领域，聚集儒兴科技、天赐高新、鸿森材料等重点企业20余家，2016年实现总收入20.3亿元。

（五）广州发展成为中国增材制造产业的技术中心之一

增材制造是未来最重要的制造技术之一，日益得到广泛的应用。对发展增材制造产业，广州从一开始高点定位于3D打印装备的关键元器件、成套设备的集成系统等高端领域。广州的增材制造非常注重以市场为导向，结合相关行业的个性化要求，大力发展3D定制化产品，不断扩展3D打印技术在更多领域的

应用。2016年，规模以上增材制造企业总产值为20.3亿元，比2015年的10.8亿元增长87.5%。2017年上半年总产值为11.6亿元，同比增长50.5%，产业规模实现快速增长。当前，我国增材制造产业已初步形成以环渤海地区、长三角地区、珠三角地区为核心，中西部地区为纽带的产业空间发展格局。珠三角地区增材制造产业发展侧重于应用服务，主要分布在广州、深圳、珠海和东莞等地。据统计显示，2015年，广东省3D打印产业产值近30亿元，占到全国市场规模的三分之一左右。

目前，广州市增材制造（3D打印）产业的发展状况处于珠三角前列，相关企业数量达到138家。以坐落于荔湾区的3D打印产业园为例，它已经聚集了包括上下游产业链企业50余家，具有一定的规模和数量。此外，荔湾区推动发起成立了广州市3D打印技术产业联盟，并建立了全国首个3D打印教育培训基地。下一步，荔湾区将加快推动3D打印产业发展，结合国家新战略，布局3D打印生态圈，架设产品与市场对接的开放性服务平台，不断将3D打印产业向纵深推进。

第三节　产业布局变化的趋势研判

一　产业布局逐步向网络状模式转变

随着经济全球化的加快，我国"一带一路"倡议、粤港澳大湾区战略的实施和推进，广州市枢纽型网络城市的加快建设，全球以及城市内部生产要素的流动将继续加快，全球资源配置效率和能力也将不断提高，地区经济一体化发展越发明显。广州市作为国家重要的中心城市，三大国际枢纽建设加快推进，城市交通网络、信息网络、产业网络、创新网络、人才网络、生态网络、管理网络将逐步完善，要素自由流动，资源优化配置，城市的枢纽带动力和网络连通性极大提升，产业结构升级加快，高端化、智能化水平不断提高。

进入后工业化阶段的广州市，在东部、南部、北部三个产业集聚带基础上，依托总部金融创新产业集聚发展核心区、四大现代服务业集聚区、国际物流商贸区、高端装备制造业区、滨江滨海生态旅游区和现代航运服务业集聚区等众多增长点之间的联系加快，以及与珠三角地区、高铁沿线、"一带一路"沿线国家和地区的合作日益加强和密切，产业空间结构将逐步趋向多中心化，产业布局将向相对松散的空间扩散，网络、信息、文化及第三产业相互渗透，趋于向多种产业交融的形态发展，呈现网络化模式趋势。

二 国际综合交通枢纽的建设催生一批新的现代产业聚集区

广州市三大国际枢纽的推进建设，全球资源配备能力的提升，将催生一批新的产业空间。新白云机场第二航站楼的建成，国际航线的加密，国家级临空经济示范区的获批，将强化空港经济区建设，推动空港经济发展。随着第二国际机场的建设，广州将出现第二空港经济区，加快集聚生物医药、电子信息、人工智能、新材料等高附加值产业，以及航空物流、航空维修、航空制造、航空金融等航空产业，成为新的经济发展增长极。以广州国际航运枢纽为依托，广州将吸引聚集新能源汽车、新能源（可燃冰开发）、高端装备制造、航运服务、邮轮旅游、邮轮制造、维修、服务等产业。围绕大田国家铁路集装箱中心站，将形成国际铁路物流园区；依托广州南站、广州北站、新广州站、新白云站、增城站、新塘站、南沙站等，将形成铁路经济为主的新的现代服务业聚集区。

三 广州特色的"多中心、分散化"现代服务业格局更加凸显

随着广州市城市功能的不断完善，国际化水平的提高，国内国际两大市场的不断拓展，消费需求的多样化和个性化，以珠江新城、天河北、广州国际金融城为核心的天河 CBD 发展能级和区域影响力不断提升，逐渐向洲际级 CBD 演进。随着以国际金融城—黄埔临港经济区为核心的第二中央商务区（第二 CBD）的规划建设，将形成广州"超级中央商务区"。不断完善的交通网络体系，白云新城、南沙自贸区、中新知识城、白鹅潭商务区、思科广州智慧城、中澳新自贸产业园等一批城市发展次中心和新产业空间，将催生多中心、多层级的现代服务集聚体系。

四 沿科技创新大走廊形成科技创新产业发展带

随着国际创新枢纽的推进建设，由中新广州知识城、科学城、天河智慧城、广州国际金融城、琶洲互联网创新集聚区、广州国际生物岛、广州大学城、广州国际创新城、南沙明珠科技城构成的广州科技创新走廊，形成科技创新企业集聚、创新创业人才聚集、科技创新成果聚集的大景观。作为科技与产业融合催化剂的风投创投产业，依托科技创新大走廊蓬勃发展，形成沿科技创新大走廊的风投创投大走廊，使广州成为国际著名的风投创投中心城市。

五 价值园区建设推动产业空间从外延式拓展进入内涵式优化阶段

随着市域内可供开发土地资源的减少，广州在产业空间利用上将实现从外延式拓展到内涵式优化的重大转变，单位土地面积产出低的产业逐步让位于产出高的产业，低附加值产业将逐步让位于高附加值的产业。在全市范围形成几十个以龙头企业为核心，产业链、价值链、创新链要素高度聚合，生产、生态和生活一体的价值园区，广州产业空间利用进入以价值为导向的精耕细作阶段。

第四节 产业国际化发展趋势研判

一 产业发展的国际化程度进一步增强

随着全球市场要素的加速流动,各国产业分工持续重构,经济融合不断深化,掌握全球资源配置话语权的全球城市逐渐形成,如同强大的吸附器和辐射源控制着资本、产业、科技、人才、信息等高端要素的集聚和扩散,提高全球资源配置能力日益成为城市参与全球合作发展的核心目标。当前,美国等发达国家主导的全球经济秩序对中国进入国际贸易、国际服务和国际投资等市场的围堵,严重制约着我国产业国际化的发展,加快建设全球资源配置中心将成为解除发达国家封锁的重要选择。在此背景下,广州提出建设全球资源配置中心,加快全球范围内资本、技术、人才等要素的集散和高效配置,在全球范围内对资源用途、布局和流向进行整合、创新、决策、控制、分配和激活,完成从参与到主导国际市场、集聚全球资源到配置全球资源的转变。同时,"三中心一体系""枢纽型网络城市"建设,为广州要素流动配置提供了对外联系大通道,将推动广州更加深入地融入世界体系,进一步增强广州要素配置能力,从而有效提升广州产业国际化发展的广度和深度。

二 产业输出的层次不断提升

从发展动力来看,广州产业发展正从一般要素驱动向高端要素驱动加快转换,从依靠低成本土地和劳动力驱动发展阶段开始转向依靠制度文化、高端投资和创新驱动发展阶段,产业体系已从轻型工业体系转向综合产业体系。面向未来,广州应对供给侧结构性改革中结构优化调整的压力不断增大、企业"走出去"战略、国家"一带一路"倡议的推动等因素作用下,广州产业的国际化发展在产业类型上将从产品、劳务输出向咨询服务、技术、资本投资、商业模式的输出等更高层次转变。同时，随着广州产业发展的不断成熟，依托天然的发展区位因素，在高新技术、高端装备等领域，将形成领先全球的优势产业和产品、服务、技术、管理和资本的全产业链输出。未来，广州产业输出将在广度和深度上形成巨大优势，产业国际竞争力不断增强，构建世界产业新体系。

三 国家战略下的对外合作成为产业国际化的新选择

广州国家重要中心城市的定位、"一带一路"沿线国家合作倡议、粤港澳湾区建设，将进一步加强其对外产业联系，形成对外合作新选择。国家重要中心城市定位将加深广州对外产业联系，将国家或区域的资源引入全球经济，同时把世界资源引入国家或区域，发挥国内外经济的结合点、决策与指挥中心等功能。在国家支持下，广州市将更多地参与全球经济事务，不断深化产业联系和对外合作。"一带一路"沿线国家合作倡议，将为广州与沿线国家或区域产业合作提供更广阔的空间。充分依托汽车、船舶、电子信息、制造、轻工业等产业优势，积极利用"一带一路"沿线地区资源丰富、劳动力富足、成本低廉等条件，企业将加快在境外设立生产基地，构建新的产业合作网络。粤港澳大湾区建设将为广州对外产业合作提供一个更为重要的载体，它是从区域经济合作上升到全方位对外开放的国家战略，其推进标志着粤港澳三地在经贸、技术、金融等方面开展深度合作交流，进入全面、深层次合作阶段，是国家参与全球竞争、全球合作的重要空间载体。广州将在国际航运、贸易、金融中心等方面，与其他国家、城市形成新一轮开放合作。

四 利用外资和对外投资并重成为产业发展的一种新常态

全球经济一体化的深入，不断呈现出新的特征。各国之间的对外合作更加紧密，资本在各国之间形成自由流动，新兴经济体和发展中国家纷纷借助发达国家的投资不断推进本地区产业发展。同时，为抢占国际市场，对外投资规模也在不断扩大。通过利用外资与对外投资并重的思路，优化资源配置，并与全球经济实现互动发展。2016年，广州实际利用外资57.01亿美元，对外投资62.18亿美元，预计"十三五"期间，广州累计实际利用外资和对外投资中方协议额将分别达到300亿美元和270亿美元，利用外资与对外投资正朝着并重的新常态发展。近年来，随着思科中国、百济神州等世界500强企业进驻，确立IAB战略产业的发展思路，广州在利用外资上正在以打造、吸引高端产业和项目为导向，未来这种趋势将会保持和加强。同时，随着国内内需下滑，产能过剩，经济成本上升，产业转型升级的压力加大，增强了广州向外投资的动力。国家、省积极推进"走出去"战略，并完善了政策环境。广州对外投资也在"走出去"战略的支持下，向投资产业开发、并购企业、基础设施领域加快发展，在供给侧结构性改革战略的驱动下，将过剩产能、成熟技术等优势项目作为对外投资的重点领域。由此，广州新一轮产业将在利用外资和对外投资并重的驱动下不断升级。

第九章 广州应对产业发展未来趋势的对策建议

广州未来产业发展既有良好的发展机会，同时也面临着困难和挑战。如何把困难和挑战的风险降到最低，变挑战为机遇，着力推动新兴产业发展，提高产业发展层次，促使产业结构优化，构建高端化现代产业新体系，关键在于政府要在产业引导上发挥更好的作用。根据广州市产业发展实际，本章建议广州市应该在加强科技创新、支持重点产业、推进新业态发展、优化产业空间、深化开放、优化资源配置、优化产业环境等方面采取积极的对策措施。

第一节 加强科技创新，推动关键领域重大突破

一 强化企业技术创新主体地位

市场经济条件下，企业是经济活动中的主体，市场在资源配置中起决定性作用主要是通过企业来完成。同样，在市场经济条件下，企业在技术创新中发挥着不可替代的作用。企业为了追求利益最大化，必须走技术创新之路，通过创新维持自身优势，做技术创新的主体。在企业承担创新主体责任的趋势下，广州市未来产业创新发展必须加强企业的创新主体地位，坚定不移地支持企业创新能力建设，鼓励科技创业，推进传统企业向科技型企业转型，积极推进中小微企业技术创新公共服务平

台建设,实施科技创新小巨人企业和高新技术企业培育计划,支持国内外同行业中具有领先地位的创新标杆企业打造航母型科技创新龙头企业和企业建设重点实验室、企业技术中心等创新平台。加大对有效发明专利产业化发展的支持力度,鼓励和引导国际知名高校、科研机构与广州企业建立合作关系。

二 加快推进科技成果转移、转化

科技成果转化就是将科技进行产业化的过程,对产业升级和提高经济发展质量有重要作用。良好高效的科技成果转化政策制度体系,是科技成果有效进行产业化的关键。广州聚集了大量的高校和研究机构,但由于长期以来受激励机制、渠道、信息对称性等制度和机制不健全的影响,科技成果转化并不理想。在中国特色社会主义建设新时代,广州要走在前列,必须加快推进科技成果转化速度,完善政策制度体系,具体要做好以下方面工作:一是建立健全技术转移组织体系,加强专业化科技成果转化队伍建设,优化科技成果转化流程。二是大力推动高等院校、科研机构成立技术转移综合管理服务机构,建立科技成果与市场对接转化渠道。三是完善多元化、多层次的技术产权交易体系,促进高端技术成果在广州市落地转化及产业化。四是重点支持广州知识产权交易中心、广州技术产权交易中心、广州科技创新服务中心等平台建设。五是深入推进国际合作新型研发机构和平台建设,鼓励引进国内外高等学校、科研院所技术成果并在广州实现转化。六是建立支持科技创新成果产业化的投资新机制。广州市财政以股权投资方式,支持具有良好市场前景和较强市场竞争力的重大科技创新成果在广州进行转化和产业化。

三 加强重点领域技术研发

信息化时代方兴未艾,新科技革命已然来临,人工智能、基因技术、大数据、云计算、物联网、量子通信等新科技蓬勃发展，正在开启新一轮产业革命。广州在新科技革命和新时代的两大发展背景下，推进经济高质量发展，必须围绕产业竞争力提升的紧迫需求，强化重点领域关键环节的重大技术开发，突破产业转型升级和新兴产业培育的技术瓶颈。具体来说，就是要加强新一代信息技术、人工智能、生物医药（IAB）等技术研究，推进颠覆性技术创新，构建结构合理、先进管用、开放兼容、自主可控的技术研发，为广州产业迈向全球价值链中高端提供强有力的支撑。

四　强化科技创新平台载体建设

科技创新平台是以提升区域创新能力为目标，以产学研等创新主体为依托，汇聚人才、资金、信息等多类创新要素，提供系列科技服务的设施平台。推动科技创新平台发展，是科技发展趋势、科技成果产业化、经济高质量发展的需要，有利于带动创新要素集聚，实现创新资源优化配置。因此，推进科技创新平台建设，对于提升广州创新能力、实现高质量发展具有重要意义。广州推进经济高质量发展，加强重大科技创新平台建设，可采取以下具体措施：重点打造沿中新广州知识城、科学城、天河智慧城、广州国际金融城、琶洲互联网创新集聚区、广州国际生物岛、广州大学城、广州国际创新城、南沙明珠科技城为核心的广州科技创新走廊；以科技创新走廊为重点依托，加强珠江两岸各类创新资源的整合和统筹规划；着力打造众创空间，加快推进广州科学城国家级区域双创示范基地建设，支持社会资本参与众创空间建设；完善创业孵化、人才培训、质量监测、知识产权、企业融资等中小微企业技术创新公共服务平台；提升科技创新平台服务能力，推进科技创新平台资源共享，构建网络化、特色化、专业化的科技创新平台服务体系。

第二节 支持重点产业做强做优，促进产业高端化发展

一 进一步做强先进制造业

先进制造业具有制造技术先进和产品高附加值的特征，是实体经济发展的最重要部分，也是推进经济发展的最主要动力。当前，广州制造业进入提质升级阶段，传统制造业正在加快转型升级。广州产业要进入全球产业链，并且向全球产业链条高端发展，需要通过大力推动技术、人才、市场、资本的结合，促进新一代信息技术、生物与健康产业、新材料、新能源与节能环保等引领未来发展的新兴产业做大做强。通过引入新一代信息技术和人工智能技术改造提升传统制造业，进一步提升广州传统产业影响力和附加值；按照"制造+服务""制造+互联网""制造业+大数据""制造业+人工智能""制造+总部"等模式，推进实体经济深度融合发展，促进制造业向价值链中高端延伸，进一步提升制造业对广州经济发展的支撑作用。

二 推动高端服务业发展

高端服务业包括金融保险、文化娱乐、法律、旅游、医疗保健、教育、研究与开发以及政府服务等，是经济发展到一定水平的必然要求。随着人们收入水平的提高和工业等产业的升级，生活性服务业和生产性服务业的需求也将不断高端化。广州大力推动服务业高质量发展，符合习近平新时代中国特色社会主义思想和党的十九大精神，符合广州产业发展特征和经济发展实际。广州推动高端服务业发展，需要强化以下方面的工作：强化国际航运枢纽建设，提升港口通过能力，拓展港口航运合作，培育壮大临港产业，推进"大通关"等制度创新等；打造广州国际航空枢纽，加快白云国际机场及配套设施建设，

提升航空枢纽服务保障功能，大力发展临空经济和航空产业，推进通用航空规划建设；大力做强金融服务业，提升金融集聚辐射力，加快建设广州国际金融城，鼓励发展汽车金融、航运金融等新型业态，进一步做大做强广州碳排放权交易所、广州股权交易中心、广州金融资产交易中心，大力发展电子商务，进一步推进健康服务、科研服务、会展业等产业发展。广州推进高端服务业发展，需要站在全球资源配置的高度，建设全球资源配置中心，提高广州全球范围内资本、技术、人才等要素的集散和高效配置能力。

三　以消费升级促进产业优化调整

消费是拉动经济增长的三驾马车之一，在强调供给侧结构性改革的同时，也要强调消费对经济的拉动作用，要充分发展巨大的消费市场作用，以消费升级引领产业转型升级，实现经济提质增效，从而推动经济发展。当前，广州居民消费出现了从注重量的满足向追求质的提升，从有形物质产品向更多服务消费转变，从模仿型消费向个性化消费蜕变，为此，广州可积极利用居民消费需求转变，在中高端消费领域培育新增长点，形成新动能，重点发展服务消费、信息消费、绿色低碳消费、时尚消费、品质消费、农村消费等新消费。大力推动中高端移动通信终端、可穿戴设备、数字家庭产品、消费级无人机、智能服务机器人等方面消费；加快满足人民群众美好生活需要的各类便民惠民服务新业态发展，大力发展面向社区生活的线上线下融合服务、面向文化娱乐的数字创意内容和服务；加快发展支撑行业信息化的新兴信息技术服务，大力发展信息消费全过程的共享经济、网络支付、现代物流、现代供应链管理等支撑服务。

第三节 培育产业发展优势，增强国际竞争力

一 实施重点产业倍增计划

根据广州未来产业发展重点，推进重点产业的快速发展，形成规模效应。抓紧制订重点产业倍增计划，按照"有产业、有规划、有园区、有平台、有龙头、有品牌"的要求，聚集要素、聚焦政策、聚合力量，加快重点新兴产业项目建设、转型延伸和自主创新步伐，突破一批核心关键技术，创建一批自主产权和品牌，培育一批龙头带动企业，打造一批特色产业集群和基地。重点产业倍增计划可以选择潜力巨大的战略性新兴产业中的新一代信息技术、人工智能及生物医药健康产业（IAB），作为其重点发展产业。

二 加快建设若干特色鲜明、黏性强、创新活跃的产业集群

通过推动新一代信息技术和生物医药产业的集群发展，对广州贯彻落实新发展理念，建设国际科技创新枢纽，推进新兴战略性产业发展，抢占新兴战略性产业新高点，振兴实体经济，增强行业竞争力，推动国家重要中心城市建设全面上水平，都具有重要意义。推进产业集群发展，重点推进新一代信息技术中的显示器产业集群。以富士康10.5代8K显示器项目落户广州增城为契机，推进广州增城第10.5代显示器全生态产业园区建设，重点发展工业大数据应用、超高清8K电视、智能家居、职能办公、面板自动化（工业机械人）研发等，打造显示器、智能TV、电子面板生产工厂，并从事高端显示技术产品研发，吸引上下游产业链和关联方企业在广州集聚发展。继续推进生物医药产业集群，通过采取科研项目配套资助、研发投入后补助、新药医疗器械奖励、组建产学研创新联盟等措施，促进生

物医药企业加大研发投入；鼓励国有、民营和产业资本共同参与生物医药专业孵化器建设，鼓励龙头企业建设平台型孵化器，集聚行业上游企业共同发展；重点引进培育创新创业领军人才、骨干和紧缺人才及专业技术人才等。

第四节　加大支持力度，促进新产业新模式发展

一　大力发展战略性新兴产业

随着信息技术、生物医药技术、新能源技术、新材料技术等技术革命的发展，一些新的产业部门和产业行业产生并快速发展。这些行业相对于传统产业来说，称为新兴战略性产业。它们代表产业发展的未来方向，能够聚集和吸引世界技术资金等生产要素，在促进经济增长中发挥着关键性作用，对一个地区甚至国家经济的战略发展具有支柱性和带动性的意义。大力发展战略性新兴产业，是广州市未来发展的重要任务，为此广州市需要大力实施《广州制造2025战略规划》和《广州市战略性新兴产业第十三个五年发展规划（2016—2020年）》，瞄准智能装备及机器人、新一代信息技术、生物医药、新能源和新材料等重点领域，加快推进机器人与智能装备产业园、广州LG 8.5代液晶面板等项目建设，整合产业基金、风险投资、研究机构、高等院校等资源，形成合力，大力开展协同创新，提升战略性新兴产业研发水平，推进战略性新兴产业发展。积极推进一批战略性新兴产业示范应用工程建设，如把新一代信息技术领域的富士康10.5代显示器纳入示范项目、生物医药健康产业领域的百洲神济纳入示范项目，通过统一规划、整体布局，加大资金和政策支持，完善创新体系建设，形成应用规模，不断提高自主创新产品的市场占有率，产生示范效应，带动产业整体发展。

二 促进新一代信息技术和智能领域技术深度应用

从全球看,以互联网为代表的新一代信息通信技术和智能技术与传统产业的渗透融合进程不断加快,新一轮科技革命和产业变革风生水起。世界正进入以信息通信产业和智能产业为主导的新经济发展时期,信息通信技术和智能技术的重大突破与加速应用极有可能重塑全球经济结构,转换产业竞争的主赛场。新一代信息技术和智能技术本身就是一个市场潜力巨大的产业,同时还是渗透力强的产业,与其他产业融合发展,能为它们带来深刻的变革和产业提升。广州应根据这一趋势,积极推进强化新一代信息技术的行业应用,加快物联网、云计算和移动互联网为代表性的新一代信息技术在信息化与工业化融合中的具体应用,积极利用新一代信息技术和人工智能技术推进智慧环保、智慧医疗、智慧城市管理和智慧园区建设,加快城市现代化建设。

三 积极培育发展新模式

商业模式是连接技术潜在价值和市场价值的内在逻辑。商业模式发展的滞后导致技术无法推向市场实现价值创造,是战略性新兴产业发展过程面临的重大问题。广州市推进战略性新兴产业发展,要鼓励各类能实现战略性新兴产业价值的商业模式创新,勇于接受商业模式中出现的新现象。对于创业创新中涌现出的一些新商业模式,政府应持开放包容的态度,鼓励新商业模式创新,支持商业模式创新企业参与高科技企业或软件企业评定。发挥市创投服务中心平台作用,推动风投机构与商业创新项目对接。大力宣传推广典型商业模式创新,营造创业创新的浓厚氛围。完善各项规章制度,对商业模式创新加以规范和监管。

四 积极实施政府创新采购政策

广州市要充分发挥政府采购在创新中的促进作用，完善新技术新产品（服务）政府首购制。要按照产业发展总体战略计划，完善新技术新产品（服务）政府推荐目录，根据不同产业不同行业的特征，分类确定目录的时效期限。在政府制定的推荐目录基础上，对其中技术先进和首次投向市场的产品（服务），可以由政府通过非公开招标的途径进行首购。对于创新性产品（服务），可以探索采取政府远期采购制。围绕医疗、交通、环保、安全等公共服务领域中的新技术、新产品和新的服务需求，可以采取跨部门整合的方式，探索建立统一的需求征集、筛选、对接和发布制度。在远期采购需求征集的基础上，还可以尝试采用分散采购、自行采购、非招标采购等方式进行远期约定采购，探索实行财政部门统一审核、集中批复的监管制度。建设新技术、新产品、新服务和政府远期采购的网上供需服务平台，通过线上发布、线下推介等多种方式，实现供需信息的有效对接。

五 积极探索与推进产业融合发展

随着新技术快速发展，通过技术创新不断增强技术、产品和工艺关联性，创造新的市场，为产业融合提供了新的动力和市场需求。推进经济高质量发展，实现产业融合，促进产业转型升级，培育新业态，广州市要加快现有传统优势产业及服务业与新一代信息技术深度融合，积极利用新一代信息技术的跨界融合发展趋势，推进制造业从生产型向服务型转变，服务业向信息化、个性化、定制化方向转变；大力推动互联网、大数据、人工智能和实体经济深度融合，加快推进互联网、大数据、人工智能与制造、商务、物流、普惠金融、创意设计、公共服务融合发展，积极培育新业态；积极推进文化产业融合发展，实现文化与科技、互联网融合，文化与金融，文化与商、旅、体、农业融合发展；推动数字创意在电子商务、社交网络、教育、医疗、展览展示、地理信息、公共管理等其他领域的应用。

第五节　多途径谋划产业空间，优化产业发展格局

一　打造重点产业平台载体"高级版"

重点推动与主导产业、战略性新兴产业相关的工业园区、科技园区、专业市场、交易平台等类型载体向高级阶段模式升级。工业园要以国家级开发区为标准，积极引导其向现代服务业密集投入、功能完善、产城融合的园区转型；科技园加快向"基于知识生态理念、以创造力为核心、强调社区和城市融合、突出网络创新"的新园区升级；专业市场应加快向"集国际采购、商品展示、电子商务、物流配送、信息服务、金融结算于一体，拥有独特商圈文化，并配套一定旅游购物功能"转型。

二　大力推进区域协调发展

大力推动珠三角同城化发展。发挥省会城市作用，增强跨区域服务水平，坚持服务周边就是服务自己，大力推动珠三角同城化发展，拓展合作领域，共建产业合作平台、公共服务平台、金融合作等。以互联互通为重点推进更高层次的广佛同城化、广清一体化，促进广佛肇清云韶融合发展。深化与泛珠三角区域、珠江—西江经济带、高铁沿线城市在产业融合、资源共享、旅游联盟等方面合作。

进一步密切与泛珠区域的经济联系。积极推动泛珠三角区域合作建设，深化广州与泛珠三角区域其他省会城市的合作，深入推进各方在基础设施、环境保护、市场环境、产业协同、旅游合作、科教文化、公共安全、人力资源等领域合作，推进泛珠三角

区域省会城市新一轮合作。进一步提升广州高铁枢纽的地位，充分利用京广高铁、贵广高铁、南广高铁、广深（港）厦高铁，促进以广州为核心高铁系统的形成，加强高铁沿线城市与地区的合作，大力引导和鼓励具有资本实力的优势企业在高铁沿线节点城市加强战略性布点，借助捷运系统拓展市场空间。

三 积极参与粤港澳大湾区建设

广州力争主导粤港澳大湾区建设，积极引领粤港澳大湾区交通设施互联互通，建成辐射国内外的综合交通体系；积极丰富利用科技资源，引领广深科技创新走廊建设，把粤港澳大湾区打造成全球新的"硅谷"；通过打造CEPA升级版，进一步推进粤港澳服务贸易自由化发展；通过利益共享产业价值链的培育，促使产业走向全球价值链高端，提升产业国际竞争力。以新一代信息技术、生物技术、高端装备、新材料、节能环保、新能源汽车等战略新兴产业为重点，加快战略性新兴产业的集群，积极利用先进技术推动制造业转型升级；以南沙、前海和横琴为节点，大力推进大湾区金融核心圈建设；推进绿色、宜居、宜业、宜游的世界级城市群建设，共同把粤港澳大湾区建成优质生活圈。

第六节 进一步深化对外开放，推动企业及产业"走出去"

一 着力推动自贸区发展

率先加大营商环境改革力度，保证各种所有制经济法律上平等、政策上一致，实行国民待遇，依法平等使用生产要素，公平参与市场竞争，同等受到法律保护。着力推进广东自贸区南沙片区发展，积极推进商事制度改革，简化审批流程，推进商事登记"多证联办"，外商投资准入前实行国民待遇加负面清单管理模式，构建与国际投资贸易通行规则相衔接的制度框架，建设高效便捷的大通关体系。对接世界上最先进、水平最高的国际贸易规则，打造市场化、法治化、国际化的营商环境。加强知识产权保护，提高自贸区商事纠纷仲裁专业水平和国际化程度。推动南沙片区产业特色发展，重点发展融资租赁、航运金融等金融服务，国际中转集拼和离岸贸易等现代航运服务业，跨境电商等商贸服务以及离岸数据服务等产业。

二 深化对外开放的领域

深化对外开放的领域，进一步推进制造业开放，重点加大服务业开放力度。积极扩大货物贸易，重点推进技术与服务贸易，培育以技术、品牌、质量和服务为核心的外贸竞争新优势；大力推动软件、文化和中医药服务出口，培育一批有国际竞争力的航空、运输、金融、旅游服务贸易企业。继续推进劳务输出，重点推进资本输出和技术输出。

三 积极鼓励本地企业"走出去"

积极鼓励本地企业"走出去"，鼓励企业积极参与"一带一路"建设，加强与"一带一路"沿线国家和地区主要港口城市、地区中心城市的经贸合作；大力开拓"三东两南"（东盟、东欧、中东、南美、南非）等新兴市场；更加主动参与中国—东盟自由贸易区建设，引导广州企业与东盟国家企业在产业开发、社会发展、能源环境、可持续发展等方面进行合作，着力提高合作的水平和质量，提升广州在中国—东盟合作发展中的地位；推进中新广州知识城等与东盟合作项目的建设。

第七节 优化资源配置，提高要素效益

一 优化土地资源配置，提高土地使用效率

按网络城市建设要求调整优化土地利用，充分衔接广州构建

枢纽型网络城市战略要求及城市总体规划、产业规划、生态环境保护规划等，优化土地利用结构，固化生态用地资源，优先保障重点地区、重点项目用地需求，形成规模适度、布局优化、节约集约的用地空间格局。扎实做好土地调查，全面清理闲置土地，加大土地储备力度。建立城市更新改造的长效机制，衔接土地管理、城市规划管理、城市产业升级，促进土地节约集约利用。充分挖掘利用地下空间，结合广州市城市总体规划，编制与城市总体规划相匹配的地下空间开发利用规划，开展地下综合管廊试点，建设海绵城市。对城市地下空间开发的规模、布局、功能、开发深度、开发时序等做总体统筹规划，释放更大发展空间。

二 搭建多元化融资渠道，建设全国风投创投中心

（一）进一步加强政府资金扶持

创新财政投入方式，不断充实市战略性新兴产业发展资金，继续发挥市产业转型升级引导基金、市科技成果转化引导基金等各类财政扶持资金的政策引导作用。全面落实企业研发费用税前加计扣除、高新技术企业所得税、进口设备减免税等国家税收优惠政策。

（二）大力探索产业金融合作发展的新模式

鼓励银行适度加大对新兴产业的信贷支持力度，采取区别对待的信贷策略。对新兴产业探索灵活多样的金融支持形式，建立科学合理新兴产业信用评价体系。推进成立科技银行建设，作为金融支持未来新兴产业发展的突破点。积极推进科技银行与创业投资机构、风险投资机构保持紧密合作。鼓励银行参股企业，实现贷款与股权投资相匹配。

（三）大力发展风险投资

通过实施"百强风投创投机构引进计划"，积极吸引具有较强实力的国内风投创投机构在广州设立分支机构，注重培养根植本土的风投创投机构，支持中小型风投创投机构的发展；鼓

励民间资本从事天使投资等风投创投活动。以广州科技风险投资公司、越秀产业基金、广发信德、广州基金、中大创投、中大科创等为基础，力争培育出一批一流投资机构。

（四）充分发挥资本市场的融资功能

广州应该推进多渠道多层次的资本市场建设，争取纳入投贷联动试点地区，与股权投资、创业投资机构等实现投贷联动。推进广州股权交易中心在依法合规、风险可控的前提下创新发展，争取国家尽快批准在广州筹建以碳排放为首个品种的创新型期货交易所。完善跨境科技金融服务和平台建设，鼓励企业开展联合研发、参股并购、专利交叉许可等方面的国际合作。争取国家支持中新广州知识城享受与天津生态城、苏州工业园同等的跨境人民币兑付创新政策，建议率先在南沙自贸区优化科技型企业非贸付汇的办理流程。积极推进企业到主板市场、中小企业板和创业板市场直接融资。

（五）发展战略性新兴产业债券市场

在中小企业中，积极推进高新企业集合债，在风险可控的原则下，可以考虑推出更加适合新兴产业成长的高收益债券，以及适合产业转型升级和节能减排产业的绿色债券品种等，扩大企业融资工具的选择范围，拓宽新兴产业的融资渠道，推动战略性新兴产业加快发展。

（六）建立战略性新兴产业的保险机制

建立新兴产业发展保险机制，针对战略性新兴产业在发展不同阶段的风险特征和风险水平，开发出不同的保险产品。如高新技术企业产品研发提供责任保险、高新技术企业营业中断保险、关键研发设备保险、出口信用保险、高管人员和关键研发人员团体健康保险和意外保险等。

三 提升人力资源支持力度

继续实施人才强市战略，优化选人用人制度，优化人才市场环境，建立供给侧结构性改革的人才支撑体系。针对广州重点产业、重点领域高层次人才紧缺的问题，加快制定实施人才投资优先保证、人才创新创业扶持、创新人才培养引进、人才公共服务、知识产权保护等政策，积极推进人才立法，最大限度地激发人才的创新活力，培养高素质人才供给。

加大人才培养力度。大力推进教育现代化改革，促进基础教育优质均衡发展，探索高中教育对外开放，加快建设世界一流大学，优化高校学科专业结构，适应产业发展需求。依托广州市三大国际战略枢纽建设契机，积极培养高端制造、信息技术、电子商务、港航物流、金融外贸等重点领域的人才，提升人才战略高度。积极发展现代职业教育，引进国际知名机构合作办学，推进职业院校校企合作培养高技能人才，加强企业职工岗位技能提升培训，推进高技能人才培养基地和工作室建设。市政府加大对紧缺型工种、高技能工种的补贴标准和资金投入，通过对此类人才的投入，提升劳动力质量。聚焦广州三大战略性新兴产业，吸收掌握核心技术的专业技术人才。加快发展新一代信息技术、人工智能、生物医药三大战略性新兴产业，培育新产业吸收国内外高素质人才，提升行业劳动力整体水平。利用广州全球高端要素集聚的契机，大力引进熟悉国际贸易理论与政策、企业国际化经营、国际商务与全球营销、国际金融、国际投资、国际商法、国际物流、国际会计与结算、跨境电商管理等开放型人才，实现与国际人才供给接轨。

加强人才信息平台建设，培育人才中介机构，为人才的合理流动提供信息和相关服务，为人才找岗位，为岗位找人才，有效实现人才的供需平衡，同时也可以通过人才需求信息的反馈，更好地发挥市场对人才培养的导向作用。

完善科技人才聘用制度。建立完善公益一、二类事业单位科研人员可流动制度，鼓励公益一类、二类事业单位专业技术人员参与国际学术交流、技术研讨，鼓励事业单位从企业招聘高层次人才和具有创新实践成果的科研人员,争取省支持开展事业单位招聘境外人员试点工作。鼓励有创新实践经验的企业家和企业科技人才到高等院校、科研院所、职业院校和技工院校兼职;争取省下放专业技术岗位设置自主权,由高等学校在编制总量内自主确定岗位,自由设置岗位结构比例和岗位标准,自主聘用人员。

创新职称评价机制。创新各级各类专业技术人才选拔评价机制,改变政府单一评价人才模式,探索发挥政府、市场、专业组织、用人单位等多元评价,强化用人单位在人才评价中的主导作用,向省争取下放职称评审权。研究建立符合广州市经济社会发展的科学化、社会化、市场化的专业技术人才评价制度。

建立人才绿卡制度。对于在广州地区工作和创业的非本市户籍的国内外优秀人才,在达到一定条件的基础上,给予居住绿卡,并在购车、购房、子女入学等方面享受与广州市民同等待遇,为来自境外的产业领军人才提供签证居留和通关便利措施。完善跨境跨国人才服务机制,争取南沙自贸区乃至广州享有中外合资、中外合作(自贸区内外资)人力资源服务许可审批权限。加大推进中国自贸区(广东)人力资源市场扩大对外开放试点工作,积极推动穗港澳职业资格互认试点工作,允许中国港澳地区取得专业资格的人员到广州提供专业服务。推动特色留学人员创业园建设,吸引更多留学人才来穗创业发展。依托国家"千人计划"南方创业服务中心,提高人才集聚力。

第八节 加快优化发展环境,促进产业转型提质

一 营造环境,激发各种所有制企业发展活力

(一)改革和创新产业准入机制

在产业准入制度上,改革的方向应该是从所有制差别准入

向公平准入转型。按照"平等准入、公平待遇"的原则,消除不同程度的所有制歧视,进一步清理和修订限制非公有制经济市场准入的政策规定,在负面清单之外对各种所有制企业实行同等的市场准入条件;改变以往依靠规模经济取胜的观念,从原来重视企业规模标准向鼓励创新型企业进入转型,吸引高科技、高附加值和创新型的中小企业参与到产业发展中来;淡化产值指标、企业人数、注册资本等经济性准入标准,推动从经济性标准向社会性标准转型,以适应资源节约、环境友好、社会责任、质量、安全、消费者权益保护等要求,进一步加强对市场准入的社会性准入管制;放松前置性监管,实行宽进严出,注重过程性监管,推动前置性监管向过程性监管转型,将工作重心转向研究政策、制定规划、加强审批后监管和服务工作,建立和完善市场监督的预警防范机制、问题发现机制和依法查处机制。

（二）营造公平公正公开的竞争环境

按照国家鼓励支持引导非公有制经济发展和深化经济体制改革的要求,广州应该率先推动,进一步加大营商环境改革力度,保证各种所有制经济在法律上平等、政策上一致,实行国民待遇,依法平等使用生产要素,公平参与市场竞争,同等受到法律保护。广州要抓住广东自由贸易试验区建设和开展企业投资项目负面清单管理试点两大机遇,不断深化改革,努力打造营商环境的高地。要把自贸试验区南沙片区的建设作为广州公平透明竞争环境建设的头号工程,面向全球,先行先试,带头落实好企业投资项目负面清单管理改革的各项举措,建立健全工作体系和工作机制,为全省全国实行统一的市场准入负面清单制度探索路径,积累经验,提供示范。

二 加大力度减轻企业负担

按照市场主导和政府引导相结合原则,强化国家、省的政策和创新本地政策措施相衔接，开展降低实体经济企业成本行动，清理、减少各类检查和罚款，建立涉企收费目录清单制度，严禁越权、超标准、自设和重复收费，杜绝中介机构和行业协会违规收费。着力改善产业发展环境，切实减轻企业负担，提振企业活力，增强企业发展后劲，助推产业转型升级，促进经济平稳健康发展。

减轻企业负担，应从加快实施降低制度性交易成本、降低生产要素成本、降低人工成本、降低物流成本、实施普遍性降费、降低融资成本、降低税负成本和加快企业资金周转等一揽子政策措施入手。推行符合广州市经济发展新常态的政府行政体制，对政府的管理工作进行优化，提高行政效率，转变政府公共服务职能，让企业拥有良好的经营环境，使市场主体的积极性和创造性得以充分释放，从而实现对制度性交易成本的有力控制，保证实体企业降低制度性交易成本。通过完善市场准入机制，提高项目落地建设服务效率，降低企业转型发展成本，持续推进简政放权，改进工商登记方式，建立公平竞争市场价格秩序等，以达到降低制度性交易成本的目的。完善合理的收费制度，彻底解决不合理收费的问题，通过逐步推进审批管理"零收费"制度，取消和降低行政审批中介服务收费、部分涉企经营服务性收费、公益类事业单位经营服务性收费等方法，来实施普遍性降费。以扩大有效劳动供给和增加劳动力流动性等角度入手，适当调整社保政策，通过精简归并"五险一金"，适当降低社会保险费率、住房公积金缴存比例等，建立与经济发展水平相适应的最低工资标准调整机制，达到降低企业人工成本的目的。积极扭转要素价格改革滞后于市场发展、政府"有形之手"主导资源配置、一些重点领域和关键环节价格过高、企业要素成本大的现象，通过降低企业用水、电气、用地费用来降低企业生产要素成本。针对物流收费项目繁多、物流成本呈持续上涨趋势的现象，通过落实免费通行政策、规范公路收费、清理客运站场收费，推进机场、港口、铁路价格改革，以降低企业物流成本。通过扩大"营改增"范围、落实好支持小微企业发展、鼓励创新创业和支持高新技术产业发展等一系列税收优惠政策来降低企业税收负担。支持企业上市、扶持发展区域股权交易市场、建立中小微企业信用信息和融资对接平台、争取开展股权众筹融资试点、通过股权投资、事后奖补等方式，支持企业增加研发和技改投入，降低融资成本。

三 强化产业发展的制度保障

（一）创新财政投入机制，营造良好投资环境

加大财政投入支持战略性新兴产业的发展。通过前期资助、后补助等方式，有针对性地扶持重点项目，提高财政资金使用的整体效益。完善创业投资引导机制，通过政府股权投资、引导基金、政府购买服务、政府与社会资本合作（PPP）等市场化投入方式，引导社会资金投入符合条件的中小企业，培育相关产业发展。建立健全中小企业发展基金、战略性新兴产业创业投资引导基金投入机制，积极培育和发展广州创投市场，引导各类社会资本为符合条件的中小微企业提供融资支持。鼓励发展风险投资和天使投资，扩大政府天使投资引导基金规模，适当降低支持门槛，全面落实国家有关天使投资的税收优惠政策，引导社会资本加大创新创业的投入力度。吸引、集聚国内外有实力的风险投资机构，通过投资奖励、早期风险补偿等措施，鼓励面向重点发展领域企业的风险投资。鼓励符合条件的银行业金融机构在依法合规、风险可控的前提下，与创业投资、股权投资等机构实现投贷联动支持产业发展。支持保险资金与风险投资基金合作，为重点发展领域的项目和企业提供中长期股权、债权投资。引导国内资本与国际优秀创业服务机构合作成立创新创业基金。发展国有资本创业投资。落实鼓励国有资本参与创业投资的政策措施，完善国有创业投资机构激励约束和

监督管理机制。引导和鼓励国有企业参与新兴产业创业投资基金，设立国有资本创业投资基金等，充分发挥国有资本在创业创新中的重要作用。落实国有产业投资机构和国有创业投资引导基金国有股转持豁免政策。

（二）下大力气改革不合理的体制机制

广州要全面推进、重点突破，深化推进改革攻坚，突出抓好具有标志性、引领性、关键性的重点改革任务，形成广州的改革特色和亮点。对于中央、省委部署的各项改革举措，要全面承接落实，特别是对于广州南沙自由贸易实验区、临空经济实验区体制机制创新示范区建设、跨境电子商务综合试验区建设、国家自主创新示范区建设、国内贸易流通体制改革发展综合试点建设、营商环境改革等；进一步完善领导小组和分项小组推进改革的领导机制、运行机制和督察督办机制，确保及时高效地完成各项任务。还要深入调研，全面梳理，深入研究谋划，争取新的突破，形成新的亮点，形成体制机制新优势，为实现建设国家重要中心城市提供体制机制保障。

（三）切实提高政府行政能力

进入新的历史时期，国内外行政生态环境发生翻天覆地的变化，对公务员队伍建设提出新的要求。加强公务员能力建设事关政府的行政能力，其重要性越来越强。近些年来，广州公务员素质有了极大提高，但也出现了思想保守和不作为的苗头。目前，提高政府行政能力的一个重要措施就是提高公务员的行政能力，通过加大对公务员人力资源的开发，构建科学的公务员晋升与沟通反馈机制，以提升公务员的行政能力。政府在人力资源开发方面不妨多运用创新措施，探索分类管理、聘任制、绩效管理、按岗定酬等用人机制。构建科学的公务员晋升机制，应尽快完善激励机制和容错机制，配合合理的晋升机制，促进公务员的竞争性，提升公务员行政职业能力。

（四）提高政策制定和实施的水平

在法律允许范围内做出合法政策，公共政策的制定要坚持调研、访谈、协商等方式，听取社会公众尤其是政策方案相关利益群体和个人对政策方案的意见，政策最终要得到所涉及对象的认同和接受。公共政策制定要积极引入智库，不管是官方智库还是民间智库。将智库引入公共政策制定中，可以保证公共政策更为客观公正。为此，广州市政府积极鼓励各类智库建设，官方智库要鼓励，民间智库也要扶持；经济领域内的智库要大力发展，社会领域内的智库也要推动建设。广州公共政策制定需要继续加大公民参与政策制定的力度，它是使政策更具可行性的有效方式，可以保障公共政策更符合各利益主体的利益。继续加大公民参与政策制定的力度，需要更为广泛地吸引公众参与其中，通过完善制度，确保公众意见能体现在政策中。

（五）建立有效可行的社会信用制度，完善公平有利的环境

完善各类信用体系，建设信用体系数据库。以工商、价格、纳税、产品质量、知识产权、安全生产、环境保护、食品药品、医疗卫生、工程建设、电子商务、进出口、交通运输、合同履约、人力资源、社会保障、教育科研等领域为重点，完善行业信用记录和从业人员信用档案，建设覆盖全部信用主体的全市统一的基础信用数据库，并且与国家、省及其他地区信用数据库关联；积极开发信用服务产业，推进征信服务市场发展，推动社会信用产业化发展。大力发展信用产业，把信用服务业纳入现代服务业范畴，享受现代服务业各类扶持政策，支持信用评估、信用咨询、信用担保和信用保险等信用服务业发展，形成信用产业集聚效益。大力培育和发展信用服务机构，支持信用服务机构开发和创新信用产品，为社会提供专业信用服务。实施政府向市场和社会购买信用服务，完善信用服务市场监管体系，提升信用服务行业市场公信力和社会影响力。建立信用管理职业培训与专业考评制度，推广信用管理职业资格培训；

建立守信激励机制，鼓励守信诚信的行为。完善失信惩戒机制，建立失信测评机制，合理测量失信程度，建立责任追究机制，增加失信成本。重视诚信文化建设，推动诚信教育和培训，将诚信教育贯穿公民道德建设和精神文明创建全过程，在各级各类教育和培训中，进一步充实诚信教育内容，大力开展信用宣传普及教育进机关、进企业、进社区、进学校和进家庭活动。加强宣传，大力宣传诚实守信的传统文化和现代市场经济的契约精神。树立诚信典型和社会诚信典范，使社会成员学有榜样、赶有目标，使诚实守信成为全社会的自觉追求。

四 加大商事制度改革，营造市场化、国际化、法治化营商环境

（一）提升简政放权效率

建立全市统一的规划用地管理办事规则与用地建设项目审批程序，完成投资建设"一张图"管理。探索对通过出让方式取得土地使用权的建设项目在出让前完成环评等专业审查环节，提高供地用地效率。加快建设工程项目审批改革，精简建设项目专业审查程序。深化行政审批制度改革，建立健全权责清单动态调整机制，促进清单规范化管理。清理规范市政府部门行政审批中介服务，公布中介服务事项清单和收费目录清单。加快推开工商登记"全城通办"，推行全程电子化登记管理和电子营业执照管理，放宽商事主体住所条件，推进企业名称登记管理改革。

（二）构建国际化营商规则

积极推进和完善南沙自贸试验区对外商投资实施准入前国民待遇加负面清单管理模式，建立对接自贸试验区负面清单的监管体系。在CEPA框架下，进一步取消或放宽对中国港澳投资者的准入限制，重点在金融、商贸、交通航运、科技文化、公共服务等服务领域降低和取消股比限制。建设国际贸易"单

一窗口",实行业务办理"一点接入、一次申报、统一反馈"的机制,监管部门要推动共享信息,联合监管。对于商务纠纷和案件,依托南沙自贸试验区法院,建立专业化审理机制,探索建设涉港澳案件商会协调机制。加快推动中国广州金融、知识产权仲裁院自贸试验区分院开展金融、知识产权调解和仲裁服务,研究仲裁与司法保护的有效衔接机制,加强商务活动的法制保障。

参考文献

包世泰、李峙、王建芳等:《空港经济产业布局模式及规划引导研究——以广州白云国际机场为例》,《人文地理》2008年第5期。

程玉鸿、许学强:《珠江三角洲三次产业演变及广州区域地位的变化》,《经济地理》2003年第5期。

戴丹:《产业转型升级的影响因素研究》,硕士学位论文,广东省社会科学院,2014年。

韩丽、张李明:《十年来广州市产业结构演变及未来主导产业的选择》,《学理论》2009年第19期。

何传启:《第六次科技革命的战略机遇》,科学出版社2012年版。

李铁成、刘力:《广州战略性主导产业的选择及发展策略研究——基于产业结构演变与产业关联的视角》,《产业经济评论》2015年第2期。

孙晓华、郑辉:《技术创新与产业演化研究脉络梳理与展望》,《外国经济与管理》2010年第10期。

童俊军、高晶:《广州市产业结构的演变过程分析》,《现代商贸工业》2011年第23期。

潘江玲:《"谷歌+安娜堡"模式:美国抢占汽车环境智能化发展入口》,《中国战略新兴产业》2016年第Z1期。

史锦梅:《高科技就一定能带来效益吗?——铱星破产案的启

示》,《企业研究》2003年第3期。

宋凌云、王贤彬:《重点产业政策、资源重置与产业生产率》,《管理世界》2013年第12期。

王文、孙早、牛泽东:《产业政策、市场竞争与资源错配》,《经济学家》2014年第9期。

吴意云、朱希伟:《中国为何过早进入再分散:产业政策与经济地理》,《世界经济》2015年第2期。

张开逊:《近代科学诞生(上)——回望人类发明之路(之九)》,《中国发明与专利》2004年第9期。

张开逊:《〈回望人类发明之路〉连载之十近代科学诞生(中)》,《大自然探索》2013年第6期。

张开逊:《〈回望人类发明之路〉连载之十一近代科学诞生(下)》,《大自然探索》2013年第7期。

张开逊:《回望人类发明之路》,《大自然探索》2012年第9期。

张开逊:《〈回望人类发明之路〉连载之二十释放核能(中)》,《大自然探索》2014年第4期。

张开逊:《回望人类发明之路:驾驭电子》,《大自然探索》2001年第10期。

周可斌、刘垚:《新一轮区域发展背景下广州南站地区产业发展研究》,《城市观察》2017年第2期。

[美]艾伯特-拉斯洛·巴拉巴西:《链接:商业、科技与生活的新思维》,沈华伟译,浙江人民出版社2013年版。

[美]维克多·黄格雷格·霍洛维茨:《硅谷生态圈:创新的雨林法则》,诸葛越等译,机械工业出版社2015年版。

《广州市国民经济与社会发展第十个五年规划纲要(2001—2005)》,2001年。

《广州市国民经济与社会发展第十一个五年规划纲要(2006—2010)》,2006年。

《广州市国民经济与社会发展第十二个五年规划纲要(2011—

2015)》,2011年。

《国务院关于加快发展服务业的若干意见》(国发〔2007〕7号),2007年。

中国科学院:《2013高技术发展报告》,科学出版社2013年版。

中国科学院:《2014高技术发展报告》,科学出版社2014年版。

中国科学院:《2015科学发展报告》,科学出版社2015年版。

中国科学院:《2016科学发展报告》,科学出版社2016年版。

中国工程科技发展战略研究院:《2016中国战略性新兴产业发展报告》,科学出版社2016年版。

中国工程科技发展战略研究院:《2017中国战略性新兴产业发展报告》,科学出版社2017年版。

《珠江三角洲地区改革发展规划纲要(2008—2020年)》,2008年。